法人税の最新実務Q&Aシリーズ

貸倒損失・貸倒引当金

第2版

Ginza会計事務所　公認会計士・税理士
植木康彦 著

中央経済社

第2版にあたって

税法上の貸倒税制は，貸倒損失と貸倒引当金の両輪によって構成されている。

貸倒損失が想定している場面は，典型的には債務者が倒産し債務の支払いができない状況である。それでは貸倒引当金はというと，その前段階の倒産の入口（法的手続きの申立て時）ないし一歩手前の状況であるが，現在は中小企業や金融業等の例外を除き，有税処理となる。

なお，税法は，貸倒れに関連して寄附金も規定する。寄附金には2種類あって，債務者が再生を志向する場面と整理（清算）を志向する場面の取扱いがある。寄附金は，経済的合理性がないにもかかわらず実行される取引が該当するので，通常は対同族関係者や対親族関係者に限った話かと思うが，法人税基本通達9－4－1，9－4－2において取引関係者等も含まれると説明される（取引関係，人的関係，資金関係等において事業関連性を有する者が含まれる）ので，第三者も含まれる広い（怖い）概念である。

貸倒規定と寄附金規定の関係性は，一般的にはまず貸倒要件に該当するかチェックし，該当しない場合に寄附金要件のチェックをする流れである（典型例は，債務者の破綻前に行われる私的整理)。しかしながら，同族関係者や親族関係者に対する債権処理の場合は，恣意的な対応がとられる可能性があるため，貸倒要件及び寄附金要件，両要件のチェックが必要かと思う。

今はコロナ禍の真っ只中。初版を出版した時点ではSF映画でしか見られなかったパンデミック世界が現に出現している。そして，世界経済もそうだが，我が国経済は低迷し喘いでいる。それでも倒産多発に至らないのは，日本銀行がゼロ金利で市中に資金を供給し，企業はコロナ融資と国や自治体の支援金で底を支えられているためであろう。恐ろしいのは，コロナ禍が落ち着いたとき，落ち込んだ経済が元に戻れるかにある。とある調査によると，現在ゾンビ企業は30万社あるとされ，かつての金融円滑化法を活用した企業数に近いと言われる。また，最近は，トラック運送会社や中小企業の倒産が起き始めており，大倒産時代に突入しないか心配されている。

税制に関しては，初版の出版時から今日までの間，ほとんど変わっていない。

岸田総理は2021年の自民党総裁選にあたり，新しい資本主義と題し，分厚い中間層を創造するとぶち上げたものの，コロナ対応などもあって，“賃上げ税制”を拡充するのが精いっぱいであった。

貸倒引当金は，中小企業や金融業等の例外を除き廃止されて久しいが，貸倒損失と双璧を成す税務処理のセーフティネットであり，いつ倒産多発時代を迎えてもいいように，ぜひ無税処理を実現してほしいと願う。

令和４年４月

Ginza 会計事務所

公認会計士・税理士　**植木　康彦**

はしがき

貸倒れに関する税務は，どちらかといえば伝統的な分野に属するが，実務においては今日においても極めて重要で，かつ，奥の深い分野である。

これまで，多くの先輩方が名著を出版され，各種研究の成果を発表されているので，若輩な当職があらためて述べる点は多くない。そこで，立場を少し変えて，当職の専門である再生・清算業務の立場や視点から，主に債務者側において発生するイベントごとの貸倒れ規定を考察してみようと思ったのが本書の出版動機である。

今は2017年。東京オリンピックを３年後に控え，大企業はアベノミクスによる好業績を謳歌しているが，中小企業はその恩恵を受けているとは感じられない。世界経済を見渡すと，IOT や AI に代表される第四次産業革命の到来と言われるが，日本経済は周回遅れの感が否めない。かつて日本代表と言われた電機産業は今や見る影もなく，韓国・台湾・中国企業にその地位を奪われた。今や唯一の日本代表である自動車業界ですら，新しいテクノロジーである自動運転や電気自動車の分野では世界をリードできなくなっている。なぜか？　日本経済は，戦後急速な発展をとげたが，既得権益等の障壁に守られた業界は保守化し，チャレンジができていないように映る。また，次世代を担う新たな産業も生まれていない。

退場のない経済社会は不健全である。退場と入場の循環によって，経済社会は健全さを保てるのであり，暫定リスケで倒産させないのが良い政策とは思えない。

この退場を制度的に担保するのが，倒産法税制であり，貸倒税制である。貸倒税制によって，破たん企業に対する債権の償却時の税負担の軽減が図られているが，貸倒税制は難しいと言われる。その理由は規定の多くが通達とされていて事実認定によるところが大きい点，会計基準と大きく乖離した取扱いである点等にあると思う。

なお，平成22年度税制改正において，グループ法人課税制度が導入され，完全支配関係にある親子会社間の税務の取扱いが大きな変化を迎えることになった。完全支配関係にある子会社を清算した場合の債権部分についての貸倒れは従来どおりの取扱いとなるが，投資部分の清算損（株式の帳簿価額）は損金にならなくなった。さらに，平成23年度税制改正においては，貸倒引当金が中小企業等を除き廃止された。貸倒引当金は他の引当金と違い，制度の廃止はないと思われていたが，財源論から廃止されたのである。貸倒損失を計上するまでに一定の時間がかかることに鑑みると，貸倒引当金で対応できないデメリットは大きく，復活を望む声は大きい。

本書においては，最近の実務において生じている取引や事象をできるだけピックアップした。また，多忙な方々が職務中に容易に検索できるようにするため，具体的な事例形式にすることにした。事例はキーワード的な検索ができるように，まずメインタイトルを付し，次に具体的な質問をQとする工夫を凝らした。

反面，貸倒れ規定に関係する事柄を網羅的に盛り込んだ結果，当初の出版動機が達成できたがどうかは，はなはだ不安である。

このような経緯で作成した書籍であるが，本書が企業の財務・経理関係者，企業に関与される税理士，公認会計士の先生方その他ご購入いただいた諸氏の職務に少しでもお役に立てたら幸いである。

最後に本書の出版にあたり，多くのご助力を賜った中央経済社の矢澤氏に心から感謝する次第である。

平成29年9月

Ginza 会計事務所

公認会計士・税理士　植木　康彦

CONTENTS

第1章 貸倒引当金

Q1 貸倒引当金の廃止 …… 3
Q2 正常債権と貸倒引当金 …… 6
Q3 不良債権と貸倒引当金 …… 14
Q4 貸倒見積高の計算方法 …… 22
Q5 貸倒引当金の対象範囲 …… 28
Q6 低廉取得した場合の形式基準（貸倒引当金）の適用 …… 33
Q7 貸倒引当金における債務超過の意味 …… 36
Q8 貸倒引当金における相当期間の意味 …… 39
Q9 個人保証がある場合の貸倒引当金の計算 …… 42
Q10 貸倒引当金における形式基準と実質基準の選択 …… 46
Q11 貸倒引当金計算において，個人保証をみなくてよい例外 …… 49
Q12 貸倒引当金の計算における実質的に債権とみられないものの金額の選択 …… 52
Q13 貸倒引当金計算における法定繰入率と実績繰入率（子会社整理損・支援損がある場合） …… 55
Q14 会計指針と税務の相違 …… 60

第2章 貸倒損失

Q15 法律上の貸倒れ …… 65
Q16 事実上の貸倒れ …… 69

Q17 形式上の貸倒れ …… 71
Q18 貸倒損失における債務超過の意味 …… 74
Q19 貸倒損失における相当期間の意味 …… 77
Q20 形式的な担保物がある場合の貸倒損失 …… 80
Q21 保証人からの回収が困難な場合の貸倒損失 …… 86
Q22 債務者が行方不明の場合の貸倒損失 …… 89
Q23 事実上の貸倒れについての損金経理の方法 …… 93
Q24 過年度に生じた貸倒損失 …… 96
Q25 トラブル債権について形式上の貸倒れの適否（代理店契約の破棄を理由に支払拒絶を受けている債権） …… 100
Q26 DES と貸倒れ …… 103
Q27 売掛債権についての貸倒れの特例 …… 110

第3章 貸倒処理の判断事例

Q28 100％子会社の整理損（グループ法人課税の影響） …… 117
Q29 スポーツクラブ預託金と貸倒れ …… 123
Q30 ゴルフクラブ経営会社が民事再生した場合 …… 126
Q31 債権放棄をした場合の貸倒損失 …… 130
Q32 債権放棄による貸倒損失の否認と貸倒引当金による救済の関係 …… 137
Q33 貸倒引当金の長期棚上げと貸倒損失の形式上の貸倒れの競合 …… 139
Q34 消滅時効と貸倒れ …… 143
Q35 破産と貸倒損失 …… 148
Q36 特別清算と貸倒損失 …… 159
Q37 解散（普通清算手続）と貸倒損失 …… 166
Q38 長期棚上げ債権と貸倒れ …… 168
Q39 不動産で債権回収した場合の貸倒損失の計算 …… 171
Q40 民事再生手続と貸倒れ …… 174

Q41 民事再生手続と債権の評価損 …… 184
Q42 会社更生手続と貸倒損失 …… 189
Q43 特定調停と貸倒損失 …… 195
Q44 私的整理手続における貸倒損失と寄附金の関係 …… 199
Q45 再生支援協議会と貸倒損失 …… 202
Q46 ADR 再生手続と貸倒損失 …… 207
Q47 地域経済活性化支援機構と貸倒損失 …… 211
Q48 求償権放棄と寄附金 …… 215
Q49 子会社の破産に伴う保証債務の受入れと債務免除 …… 221
Q50 貸倒損失と消費税 …… 227
Q51 新型コロナウイルス感染症と債権放棄 …… 231

巻末資料

(資料１) 寄附金質疑応答各要件の Q&A（国税庁「子会社等を整理・再建する場合の損失負担等に係る質疑応答事例」）…… 237
(資料２) 国税庁文書回答事例－企業再生税制適用場面において DES が行われた場合の債権等の評価に係る税務上の取扱いについて（照会）…… 248
(資料３) 国税庁文書回答事例－「中小企業再生支援協議会の支援による再生計画の策定手順（再生計画検討委員会が再生計画案の調査・報告を行う場合）」に従って策定された再生計画により債権放棄等が行われた場合の税務上の取扱いについて（照会）…… 255
(資料４) 国税庁文書回答事例－特定認証紛争解決手続に従って策定された事業再生計画により債権放棄等が行われた場合の税務上の取扱いについて（照会）…… 260
(資料５) 国税庁文書回答事例－株式会社地域経済活性化支援機構が買取決定等を行った債権の債務者に係る事業再生計画に基づき債権放棄等が行われた場合の税務上の取扱いについて（照会）…… 265

凡　　例

本書中の法令・通達等は以下の略称を使用しています。

法　法：法人税法（昭和40年法律第34号）
法　令：法人税法施行令（昭和40年政令第97号）
法　規：法人税法施行規則（昭和40年大蔵省令第12号）
所　法：所得税法（昭和40年法律第33号）
所　令：所得税法施行令（昭和40年政令第96号）
所　規：所得税法施行規則（昭和40年大蔵省令第11号）
措　法：租税特別措置法（昭和32年法律第26号）
措　令：租税特別措置法施行令（昭和32年政令第43号）
措　規：租税特別措置法施行規則（昭和32年大蔵省令第15号）
通　法：国税通則法（昭和37年法律第66法）
通　令：国税通則法施行令（昭和37年政令第135号）
通　規：国税通則法施行規則（昭和37年大蔵省令第28号）
地　法：地方税法（昭和25年法律第226号）
地　令：地方税法施行令（昭和25年政令第245号）
法基通：法人税基本通達（昭和44年５月１日付直審(法)25）
所基通：所得税基本通達（昭和45年７月１日付直審(所)30）
措　通：租税特別措置法関連通達（昭和50年２月14日付直審(法)２−２）
消　令：消費税法施行令（昭和63年12月30日政令第360号）
消　規：消費税法施行規則（昭和63年12月30日大蔵省令第53号）
民再法：民事再生法（平成11年12月22日法律第225号）
民再規則：民事再生規則（平成12年１月31日最高裁判所規則第３号）
更生法：会社更生法（平成14年12月31日法律第154号）
特定調停法：特定債務等の調整の促進のための特定調停に関する法律
（平成11年12月17日法律第158号）

第1章

貸倒引当金

Q1　貸倒引当金の廃止

当社は期末の資本金１億円，資本準備金１億円の会社ですが，今般100%子会社であるＡ社が特別清算手続を申し立てました。

貸倒引当金は廃止されたので，貸倒引当金の繰入れはできないと聞きましたが，本当でしょうか。

A

SUMMARY　平成23年度税制改正後においても，資本金１億円以下のいわゆる中小法人においては，貸倒引当金の繰入れに制約はありません。

貴社の期末資本金等は２億円ですが，期末資本金は１億円ですので，個別評価事由である特別清算開始の申立てが期末までに生じていれば，貸倒引当金を繰入れすることが認められます。ただし，令和４年４月１日開始事業年度以降は，完全支配関係がある法人に対する金銭債権は貸倒引当金の対象になりません。

Reference　法法52①⑨，法令96④⑤⑨

DETAIL

1　問 題 点

貸倒引当金は平成23年度税制改正により廃止されましたが，一定の法人は貸倒引当金の繰入れが認められます。

そこで，引き続き認められる法人と認められない法人の区別が問題となります。

2　平成23年度税制改正の内容

平成23年度税制改正により，貸倒引当金の対象法人，対象債権が縮小されました。

平成24年３月31日以前に開始した事業年度は従前どおりですが，平成24年４月１日以後に開始する事業年度は以下の法人の以下の金銭債権が対象になります（法法52①，法令96④⑤⑨）。

対象法人	対象となる金銭債権
①－1　期末資本金又は出資金が１億円以下の普通法人（資本金が５億円以上である法人等の100％子会社等，投資法人，特定目的会社を除く）	金銭債権
①－2　資本又は出資を有しない法人	
①－3　公益法人等又は協同組合等	
①－4　人格のない社団等	
②－1　銀行法２条１項に規定する銀行	
②－2　保険業法２条２項に規定する保険会社	
②－3　上記②－1，②－2に準ずる一定の法人	
③　金融に関する取引に係る金銭債権を有する法人（上記①②の法人を除く）	一定の金銭債権

平成23年度税制改正後において，貸倒引当金の繰入れが引き続き認められる類型は，上記①②③の３類型です。①②の法人については，対象債権に制限はありませんが，③については，適用法人を制限しただけでなく，対象債権についても，その法人の有する債権の種類に応じて限定しています。上記①②③類型に該当しない法人については，貸倒引当金制度が廃止されました。

3　令和２年度税制改正の内容

令和２年度税制改正により，連結完全支配関係がなくとも，完全支配関係がある法人に対する金銭債権は貸倒引当金の対象外とされました。

令和４年４月１日開始事業年度から適用されます。

4　判　　断

貴社の期末資本金等は2億円ですが，期末資本金は1億円です。

平成23年度税制改正後においても，資本金1億円以下の対象法人に該当するため，貸倒引当金の繰入れに制約はありません。

個別評価事由である特別清算開始の申立てが期末までに生じていれば，貸倒引当金を繰入れすることが認められますが，個別評価についてはQ3を参照ください。

Q2 正常債権と貸倒引当金

当社が有する債権はすべて支払期限どおりに回収できているので，いわゆる正常債権と考えています。正常債権の評価の方法はどのようにしたらよいでしょうか。

A

SUMMARY 正常債権とは，銀行の自己査定上あるいは金融再生法上若しくはリスク管理上のいずれにおいても正常な状態にある債権をいいます。

税務上は，正常債権は一括評価金銭債権に該当し，期末の売掛債権等に対して過去３年間の貸倒実績率を乗じて引当金の繰入額を計算します。

会計上は貸倒懸念債権及び破産更生債権等以外の一般債権をいい，債権全体又は同種・同類の債権ごとに，債権の状況に応じて求めた過去の貸倒実績率等合理的な基準により貸倒見積高を算定することとしています。

債権に対する評価は，貸倒引当金の計上によって間接評価を行います。

Reference 法令96⑥，法法52②，措法57の９①，措令33の７①

DETAIL

1 法人税法における貸倒規定

法人税法における貸倒規定の全体像は，貸倒引当金と貸倒損失の２段階構成になっています。

(1) 貸倒引当金

法人税法上の貸倒引当金には，個別評価と一括評価があります。

貸倒引当金の繰入限度額を算定する際，金銭債権を個別に評価する債権と一括して評価する債権に区分して，取立不能見込額と貸倒見込額を計算するものです。

■貸倒引当金の計算図

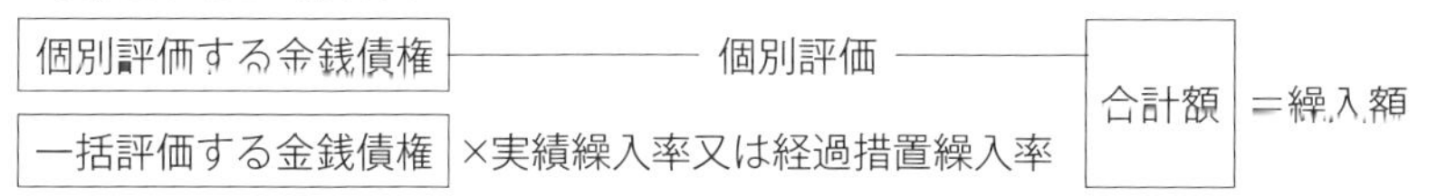

(2)　貸倒損失

法人税法上の貸倒損失には，法律上の貸倒れ，事実上の貸倒れ，形式上の貸倒れがありますが，詳細は**Q15～17**を参照してください。

(3)　貸倒引当金と貸倒損失の相違

法人税法上の貸倒引当金と貸倒損失は，取立不能のおそれが生じた段階で貸倒引当金を計上し，その後取立不能が確定した段階で貸倒損失を計上する流れになりますが，相違点は以下のとおりです。

■法人税法上の貸倒引当金と貸倒損失の相違点

区　　分	貸倒引当金	貸倒損失
規定の属性	費用規定	損失規定
償却方法	間接償却	直接償却
類型 入口→出口	・長期棚上げ ・実質基準 ・形式基準	・法律上の貸倒れ ・事実上の貸倒れ ・形式上の貸倒れ

2　債権の区分

債権の管理上の呼称は，管理の目的や法律等によって異なっています。税務上は，一括評価債権と個別評価債権の2区分です。金融再生法上は，正常先，要注意先，破綻懸念先，破綻・実質破綻先という4区分ですが，会計上は，一般債権，貸倒懸念債権，破産更生債権等の3つに区分しています。

■2021年３月末の不良債権の状況

〈金融再生法〉　2021年３月期　（単位：億円）

預金取扱金融機関			
預金取扱金融機関	総与信（億円）		7,712,730
	金融再生法開示債権（億円）		115,440
		破産更生等債権（億円）	20,180
		危険債権（億円）	71,370
		要管理債権（億円）	23,890
	正常債権（億円）		7,597,210
	不良債権比率（%）		1.5
	不良債権処分損（兆円）		1.5
（525機関）	実質業務純益（兆円）		4.2

〈リスク管理債権〉　2021年３月期　（単位：億円）

預金取扱金融機関			
預金取扱金融機関	貸出金		7,715,300
	リスク管理債権		118,820
		破綻先債権	4,990
		延滞債権	89,310
		３ヵ月以上延滞債権	690
		貸出条件緩和債権	23,820
	貸倒引当金残高		51,690
（559機関）		個別貸倒引当金残高	26,680

〈自己査定〉

預金取扱金融機関（559機関）　2021年３月期　（単位：兆円）

正常先	701.9
要注意先	59.9
（要管理債権）	2.4
破綻懸念先	7.4
破綻先・実質破綻先	2.1
要管理～破綻先の合計	11.9

（出所）　金融庁ホームページ「金融再生法開示債権の状況等について」

3　正常債権とは

いわゆる正常債権とは，銀行の自己査定上あるいは金融再生法上若しくはリスク管理上のいずれにおいても正常な状態にある債権をいいます。

平成11年1月22日，企業会計基準委員会から出された「金融商品に関する会計基準（最終改正平成20年3月10日）」によれば，債権については債務者の財政状態及び経営成績等に応じて，①一般債権，②貸倒懸念債権，③破産更生債権等の3つに区分することとしますが，このうち，一般債権がいわゆる正常債権を指すことになります。

一般債権とは，経営状態に重大な問題が生じていない債務者に対する債権をいいますが（金融商品会計基準27⑴），具体的には，貸倒懸念債権及び破産更生債権等以外の債権をいいます。

4　正常債権に対する税務上の貸倒引当金

(1)　一括評価

税務上の貸倒引当金には個別評価と一括評価があります。正常債権については一括評価によって貸倒引当金を繰入れすることになります。

①　一括評価の計算

一括評価は，期末の一括評価金銭債権の帳簿価額の合計額に対して過去3年間の貸倒実績率を乗じて引当金の繰入額を計算します（法令96⑥）。

繰入限度額 ＝	期末一括評価金銭債権の帳簿価額の合計額 （個別評価金銭債権を除く）	× 貸倒繰入率

②　一括評価の対象となる債権

一括評価の対象となる債権は，売掛金・貸付金その他これらに準ずる金銭債権で，個別評価金銭債権を除いたものです（法法52②）。なお，個別評価金銭債権がある債務者に対する債権は，その全額が一括評価金銭債権から除外されます。

対象となる債権，ならない債権については，**Q5**を参照してください。

③ 貸倒実績率

一括評価額の計算上，過去３年間の貸倒実績率は次のとおり計算します（法令96⑥）。会計と異なり，分母と分子は同じ事業年度のものを用います。

$$\frac{\text{a} \times 12 \div \text{左の各事業年度の合計月数}}{\text{b} \div \text{左の各事業年度の数}}$$

a　その事業年度開始の日前３年以内に開始した各事業年度の売掛債権等の貸倒損失の額に所定の調整を加えた金額

b　その事業年度開始の日前３年以内に開始した各事業年度終了の時における一括評価金銭債権の帳簿価額の合計額

計算の詳細及び留意点については，**Q13**を参照してください。

④ 中小企業の特例

中小企業については，租税特別措置で貸倒実績率に代えて法定繰入率を選択適用することが認められています（措法57の９①）。

中小企業とは，期末資本金の額又は出資金の額が１億円超の普通法人並びに投資法人，特定目的会社，保険業法に規定する相互会社及び外国相互会社以外の法人ですが，資本金の額又は出資金の額が５億円以上の法人との間に完全支配関係[注]がある法人は除かれます（措法57の９①，措令33の７①）。

（注）完全支配関係とは，一の者が法人の発行済株式等の全部を直接若しくは間接に保有する当事者間の完全支配関係と一の者との間に当事者間の完全支配関係がある法人相互の関係をいいます（法法２十二の七の六）。

■ **法定繰入率**

業　　種	繰入率
卸売及び小売業（飲食店業及び料理店業を含み，割賦販売小売業を除く）	10／1,000
製造業（電気業，ガス業，熱供給業，水道業及び修理業を含む）	8／1,000
金融及び保険業	3／1,000
割賦販売小売業並びに包括信用購入あっせん業及び個別信用購入あっせん業	7／1,000
その他の事業	6／1,000

法定繰入率による場合には，売掛債権等の額から実質的に債権とみられないものの額は控除します（措法57の9①，措令33の7②）。

(2)　税務上の留意点のまとめ

正常債権に対する貸倒引当金の計算に関して，主な税務上の留意点をまとめると以下のとおりです。

①　個別評価の対象とした金銭債権は，一括評価の計算上対象となりません。

②　中小企業は法定繰入率と貸倒実績率との選択適用が認められますが，大企業と完全支配関係のある会社は貸倒実績率のみの適用となります。

③　中小企業が法定繰入率で繰入限度額を計算する場合には，実質的に債権とみられないものの額を控除した上で法定繰入率を乗ずることになります（ネット債権が対象）。

④　貸倒実績率により繰入限度額を計算する場合には，実質的に債権とみられないものの額を控除する必要はありません（グロス債権が対象）。

関連解説

正常債権に対する会計上の貸倒引当金

1　貸倒実績率法

金融商品会計基準によれば，一般債権については，債権全体又は同種・同類の債権ごとに，債権の状況に応じて求めた過去の貸倒実績率等合理的な基準により貸倒見積高を算定することとしています（貸倒実績率法といいます）（金融商品会計基準28(1)）。

債権を同種・同類の債権に区分する場合，同種とは売掛金・受取手形・貸付金・未収金等の別における同一のものをいい，また，同類とは同種よりもより大きな区分，すなわち，営業債権と営業外債権の別における同一のもののほか，短期と長期の期間別区分をいいます。

債権の状況に応じて求めた過去の貸倒実績率とは，一般債権においても個々の債権が有する信用リスクの程度には差があるため，与信管理目的で債務者の財政状態・経営成績等に基づいて債権の信用リスクのランク付け（内部格付）が行われている場合には，当該信用リスクのランクごとに区分して過去の実績から算出した貸倒実績率をいいます。

貸倒実績率は，ある期における債権残高を分母とし，翌期以降における貸倒損失額を分子として算定しますが，貸倒損失の過去のデータから貸倒実績率を算定する期間（以下，算定期間といいます）は，一般には，債権の平均回収期間が妥当です。ただし，当該期間が１年を下回る場合には，１年とします。なお，当期末に保有する債権について適用する貸倒実績率を算定するにあたっては，当期を最終年度とする算定期間を含むそれ以前の２～３算定期間に係る貸倒実績率の平均値によります（金融商品会計に関する実務指針110）。

2　その他の方法

企業の保有する一般債権の信用リスクが毎期同程度であれば，将来発生する損失の見積りにあたって過去の貸倒実績率を用いることが最も適切ですが，期末日現在に保有する債権の信用リスクが，企業の債権に影響を与える外部環境等の変化により，過去に有していた債権の信用リスクと著しく異なる場合には，過去の貸倒実績率を補正することが必要です。

また，企業が新規業態に進出した場合等，過去の貸倒実績率を用いることができない場合又は適切でない場合には，同業他社の引当率や経営上用いている合理的な貸倒見積高を採用することが必要となることもあります（金融商品会計に関する実務指針111）。

Q3 不良債権と貸倒引当金

取引先のM商事が今般，民事再生手続の申立てを行いました。当社は，M商事に1,000の売掛金を有しています。また，経営が厳しく債務超過の疑いもある取引先D社に対しては，貸付金2,000について，利息の減免を行い，約定利率５％を２％に減額しました（利息の支払は毎期末１年分後払，元金２年後一括返済）。

当社はまもなく決算期末を迎えますが，この債権について税務上の貸倒引当金をどのように処理したらよいでしょうか。

名称	区分	債権額		状況
M商事	売掛金	1,000	⇒	再生手続申立て
D社	貸付金	2,000	⇒	利息減免（５％を２％に）

A

SUMMARY 税務上，貸倒引当金は個別評価と一括評価という２つの方式で計算した合計額を繰入れすることになります。

M商事に対する債権は，法的手続の申立てという個別評価方式の繰入要件を満たしているので，債権額の50％相当額について貸倒引当金の繰入れが認められます（法法52，法令96①三）。

他方，D社に対する債権は，経営が厳しく利息を減免したというだけでは個別評価方式の繰入れは困難なので，一括評価方式で貸倒引当金を繰入れすることになります。

名称	区分	債権額		状況	税務処理
M商事	売掛金	1,000	⇒	再生手続申立て	個別評価(50％貸倒引当金)
D社	貸付金	2,000	⇒	利息減免(５％を２％に)	一括評価

会計上の貸倒引当金繰入額と税務上の繰入額（限度額）とが異なる場合には，その差額を税務調整（いわゆる有税償却）することになります。

Reference　法法52・２二十五，法令96，法規25の４，法基通11-２-３・11-２-５・11-２-６・11-２-８・11-２-１の２

DETAIL

1　問題点

債権に対する評価は，債権が不良化した入口段階で貸倒引当金を計上しますが，不良債権と一口にいっても，税務と会計ではその範囲が異なります。

税務上の不良債権に該当し，貸倒引当金を計上するための要件がまずは問題になります。

2　税務上の個別評価方式

税務上，貸倒引当金は個別評価と一括評価という２つの方式で計算した合計額を繰入れすることになります（法法52，法令96）。

いわゆる不良債権については個別評価方式で対応し，不良債権以外の一般債権については一括評価方式で対応することになります。

かつては，個別評価の部分が「債権償却特別勘定」とされていましたが，平成10年度税制改正により現在の貸倒引当金の形になりました。現行法人税法では，債権償却特別勘定の際に必要だった事前申請が不要となり，切放し方式から洗替え方式に変わっています。

■貸倒引当金の計算図

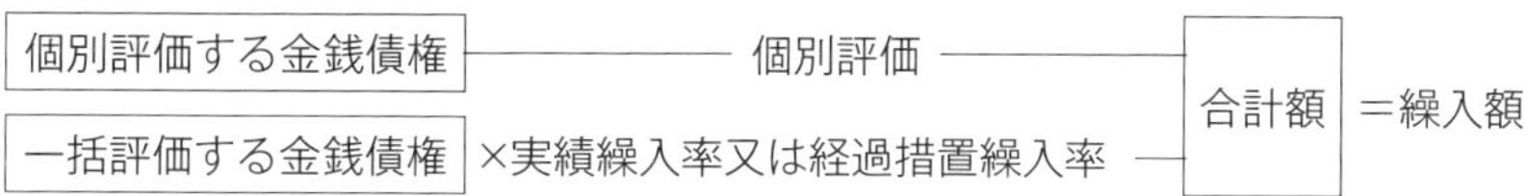

以下の（１）から（４）に掲げる金銭債権について，個別評価方式による貸倒引当金の繰入れが認められています。

また，対象となる債権には，売掛金，貸付金その他これらに類する金銭債権のほか，例えば，保証金や前渡金等について返還請求を行った場合におけるその返還請求債権（例えば，ゴルフ場の預託金返還請求権）が回収不能となったときが含まれます（法基通11－2－3）。

(1) 形式要件が生じた金銭債権

債務者について，次の法的手続の開始申立てがあった場合，債権額の50％相当額について貸倒引当金の繰入れが認められます。対象となる債権額からは債務者から受け入れた金額があるため実質的に債権とみられない部分の金額及び担保権の実行，金融機関又は保証機関による保証債務の履行その他により取立て等の見込みがあると認められる部分の金額は除かれます（法令96①三）。

① 更生手続開始の申立て
② 再生手続開始の申立て
③ 破産手続開始の申立て
④ 特別清算開始の申立て
⑤ 手形交換所による取引停止処分
⑥ 電子債権記録機関による取引停止処分

■繰入限度額（法令96①三）

対象金銭債権	−	債務者から受け入れた金額があるため実質的に債権とみられない部分の金額	−	担保権の実行，金融機関等の保証債務の履行その他により取立て等の見込みがあると認められる部分の金額

(2) 長期棚上げの金銭債権

次の法的手続等によって，金銭債権の弁済を猶予され，又は賦払により弁済される場合，その事由が生じた日の属する事業年度終了の日の翌日から5年を経過する日までに弁済されることとなっている金額以外の金額（担保権の実行その他によりその取立て又は弁済の見込みがあると認められる部分の金額を除きます）について，貸倒引当金の繰入れが認められます（法令96①一）。

① 更生計画認可の決定
② 再生計画認可の決定
③ 特別清算に係る協定の認可
④ 法令の規定による整理手続によらない関係者の協議決定で次に掲げるもの
　イ　債権者集会の協議決定で合理的な基準により債務者の負債整理を定めているもの
　ロ　行政機関，金融機関その他第三者のあっせんによる当事者間の協議により締結された契約でその内容がイに準ずるもの

■繰入限度額（法令96①一）

対象金銭債権	－	特定の事由が生じた事業年度終了日の翌日から５年を経過する日までの弁済予定額	－	担保権の実行その他により取立て等の見込みがあると認められる部分の金額

担保権の実行により取立て等の見込みがあると認められる部分の金額とは，質権，抵当権，所有権留保，信用保険等によって担保されている部分の金額をいいます（法基通11－２－５）。

（３）　実質的に回収不能が生じている金銭債権

債務者につき，債務超過の状態が相当期間継続し，かつ，その営む事業に好転の見通しがないこと，災害，経済事情の急変等により多大な損害が生じたことその他の事由が生じていることにより，金銭債権の一部の金額につきその取立て等の見込みがないと認められる場合には，その一部の金額に相当する金額について，貸倒引当金の繰入れが認められます（法令96①二）。

■繰入限度額（法令96①二）

対象金銭債権	－	担保権の実行その他により取立て等の見込みがある金額

「相当期間」とは,「おおむね１年以上」とし，その債務超過に至った事情と事業好転の見通しをみて，取立て等の見込みがあるかないかを判定することになります（法基通11-２-６)。

また,「その他の事由」には，次に掲げる場合が含まれることとされています。この場合において，取立て等の見込みがないと認められる金額とは，その回収できないことが明らかになった金額又は未収利息として繰入れした金額をいいます（法基通11-２-８)。

① 金銭債権の額のうち担保物の処分によって得られると見込まれる金額以外の金額につき回収できないことが明らかになった場合において，その担保物の処分に日時を要すると認められるとき

② 貸付金等に係る未収利息を資産に計上している場合において，その計上した事業年度（その事業年度が連結事業年度に該当する場合には，その連結事業年度）終了の日（貸付金等に係る未収利息を２以上の事業年度において計上しているときは，これらの事業年度のうち最終の事業年度終了の日）から２年を経過した日の前日を含む事業年度終了の日までの期間に，各種の手段を活用した支払の督促等の回収の努力をしたにもかかわらず，その期間内にその貸付金等に係る未収利息（その資産に計上している未収利息以外の利息の未収金を含む）につき，債務者が債務超過に陥っている等の事由からその入金がまったくないとき

(注) この取扱いは，旧法人税基本通達９-６-４の認定による債権償却特別勘定の設定に相当するものですが，回収不能割合については債権償却特別勘定のような40％基準はなく，また，旧法人税基本通達９-６-４(3)の取扱いは貸倒引当金への繰入要件とはされていません。

(４) 外国の公的債権

外国の政府，中央銀行又は地方公共団体に対する金銭債権につき，これらの者の長期にわたる債務の履行遅滞によりその経済的な価値が著しく減少し，かつ，その弁済を受けることが著しく困難であると認められる事由が生じている場合，その金銭債権の額（その個別評価金銭債権の額のうち，これらの者から

受け入れた金額があるため実質的に債権とみられない部分の金額及び保証債務の履行その他により取立て等の見込みがあると認められる部分の金額を除きます）の100分の50に相当する金額について，貸倒引当金の繰入れが認められます（法令96①四）。

3　税務上の貸倒引当金の留意点

税務上の貸倒引当金の主な留意点は，以下のとおりです。

（1）　損金経理要件

損金経理要件とは，法人の確定した決算において，そのもととなった帳簿で費用又は損失として経理する方式をいい（法法２二十五），申告調整は，認められていません。

（2）　判定の単位

債務者ごとに判定します。例えば，債務者に対して売掛金と貸付金がある場合，合計額に対して貸倒規定を適用します。それぞれ別々に適用することは認められていませんが，認められるとする見解もあります。

（3）　繰入限度額

繰入限度額＝個別評価金銭債権＋一括評価金銭債権

個別評価と一括評価の計算は，それぞれ別々に計算することとされているので，一方に超過があり他方に不足があっても通算することは認められていません（法基通11-２-１の２）。

（4）　洗替え方式

貸倒引当金は，毎期洗替え方式となっているので，繰入額全額を取り崩して益金に算入しなければなりません（法法52⑩）。

(5) 書類保存義務等

個別評価による貸倒引当金への繰入れにあたっては，個別評価の事由が生じていることを証する書類その他省令で定める書類の保存要件が付されています。具体的には，次に掲げる書類を保存しておく必要があります（法規25の4）。

① 個別評価の事由が生じていることを証する書類
② 担保権の実行，保証債務の履行その他により取立て又は弁済の見込みがあると認められる部分の金額がある場合には，その金額を明らかにする書類
③ その他参考となるべき書類

上記の書類が保存されていない場合には，原則として，その金銭債権に係る個別評価の事由が生じていないものとみなされることとされていますので注意が必要です。

4 手続要件

貸倒引当金の規定は，やむを得ない事情があると認められる場合を除き，確定申告書に貸倒引当金勘定に繰り入れた金額の損金算入に関する明細の記載がある場合に限り，適用することとされています（法法52③）。

関連解説

不良債権と会計上の貸倒引当金

金融商品会計基準によれば，会計上は，債権を貸倒懸念債権と破産更生債権等に区分し，貸倒懸念債権については，財務内容評価法又はキャッシュ・フロー見積法により，破産更生債権等については，財務内容評価法により計算することとされています（金融商品会計基準28(2)(3)）。

ご質問の例の場合，D社について，貸倒懸念債権に該当する可能性がありま

す。

将来キャッシュ・フローを合理的に見積りできる場合には，将来のキャッシュ・イン・フロー（利息＋元金）を当初の約定利子率で割り引いた総額と帳簿価額との差額について貸倒引当金を繰入れします（金融商品会計基準28⑵②）。

（キャッシュ・フロー見積法の計算例）

①　将来キャッシュ・フローの現在価値

1年後回収（利息）		2年後回収（元金＋利息）	キャッシュ・フローの現在価値
40÷（1＋5％）		2,040÷（1＋5％）^{2}	
38.1	＋	1,850.3	＝1,888

②　帳簿価額　2,000

③　貸倒引当金（②－①）　112

Q4 貸倒見積高の計算方法

得意先に対して貸付金1,000を有していますが，今期に入り入金が滞るようになりました。当初の金銭消費貸借契約書自体は変更していませんが，現在返済について交渉中です。担保としては，上場会社の株式を取得していますが，期末時点の価値は300しかありません。得意先は，現時点で実質債務超過に陥ったようです。

このような場合，当社は貸倒見積高について，どのように計算したらよいでしょうか。

A

SUMMARY 税務上は，債務超過の状態が少なくとも1年以上継続しないと貸倒引当金の計上は認められません。一過性の債務超過もあるため，そのような軽度の場合を除外する目的です。したがって，次年度以降も債務超過の状態が続く場合には，貸倒引当金の計上が認められます。その場合，債権額1,000から担保評価額300を控除した残額について，貸倒見積高を計算しますが，会計のように簡便的にさらに50%を乗ずることは認められていません。

会計上は，債務の弁済に重大な問題が生ずる可能性が高く，あるいは，財務内容に問題がある可能性が高い場合には，貸倒懸念債権として処理する必要性があります。貸倒懸念債権の場合，債権額1,000から担保評価額300を控除し，残額について簡便的に50%を引き当てる方法が認められます（金融商品会計に関する実務指針114）。

a	債権額	1,000
b	担保評価額	300（注）
c	残額（a－b）	700
	貸倒見積高（c×50%）	350

（注） 担保評価は，流動性や時価変動の要素の考慮として掛目を用いることが通例ですが，ここでは掛目を省略しています。

Reference　法令96

DETAIL

1　法人税法による取立見込額の計算

法人税法においては，一括評価金銭債権と個別評価金銭債権に分けた上で，それぞれの区分に属する債権ごとに貸倒見積高を計算します。

個別評価金銭債権は，いわゆる不良債権の区分ですが，基本的には回収可能額を見積もる方法によります（法令96）。

区　分	定　義	繰入限度額
一括評価金銭債権	個別評価金銭債権以外の金銭債権	債権金額に過去3年間の貸倒実績率又は法人税法に規定する法定繰入率を乗じた金額
個別評価金銭債権	更生計画の認可決定により5年を超えて賦払いにより弁済される等の法律による長期棚上げ債権	債権金額のうち5年を超えて弁済される部分の金額（担保権の実行その他により取立て等の見込みがあると認められる部分の金額を除く）
	債務超過が1年以上継続し事業好転の見通しのない場合等の回収不能債権	債権金額（担保権の実行その他により取立て等の見込みがあると認められる部分の金額を除く）
	破産申立て，更生手続等の開始申立てや手形取引停止処分があった場合等における金銭債権	債権金額（実質的に債権と見られない部分の金額及び担保権の実行，金融機関等による保証債務の履行その他により取立て等の見込みがあると認められる部分の金額を除く）の50%相当額

（出所）　中小企業の会計に関する指針

2　金融商品会計基準による貸倒見積高の計算

金融商品会計基準上の貸倒見積高の算定方法は，債権の区分ごとに定められています。

経営破綻の状態に至っていなくても，債務の弁済に重大な問題が生ずる可能性の高い債権者に対する債権を貸倒懸念債権と定義し（金融商品に係る会計基準27(2)），具体的には，債務の弁済が１年以上延滞している場合や弁済条件の大幅緩和を行っている場合，実質的に債務超過の状態に陥っている場合を含むこととされています（金融商品会計に関する実務指針112)。

貸倒懸念債権の評価については，債権の状況に応じて，財務内容評価法かキャッシュ・フロー見積法によるものとされています（金融商品に係る会計基準28(2))。財務内容評価法を採用する場合，債務者の支払能力を総合的に判断する必要がありますが，資料入手が困難な場合もあり，貸倒懸念債権と初めて認定した期には，担保による処分見込額等を控除した残額の50％を引き当て，次年度以降毎期見直す簡便法が認められています（金融商品会計に関する実務指針114)。

■ **会計上の債権区分と貸倒見積高の算定方法**

一般債権	債権全体又は同種・同類の債権ごとに，債権の状況に応じて求めた過去の貸倒実績率等合理的な基準により貸倒見積高を算定する方法
貸倒懸念債権	①又は②　原則として継続適用 ①　債権額から担保の処分見込額及び保証による回収見込額を減額し，その残額について債務者の財政状態及び経営成績を考慮して貸倒見積高を算定する方法 ②　債権の元本の回収及び利息の受取りに係るキャッシュ・フローを合理的に見積もることができる債権については，債権の元本及び利息について元本の回収及び利息の受取りが見込まれるときから当期末までの期間にわたり当初の約定利子率で割り引いた金額の総額と債権の帳簿価額との差額を貸倒見積高とする方法
破産更生債権等	債権額から担保の処分見込額及び保証による回収見込額を減額し，その残額を貸倒見積高とする方法

3　中小企業会計指針による取立見込額の計算

中小企業会計指針（「中小企業の会計に関する指針」）においては，債権の区分を３つに分けた上で，それぞれの区分に属する債権ごとに貸倒見積高を計算します（中小企業の会計に関する指針18(3)）。

具体的には，貸倒懸念債権については，財務内容評価法とし，破産更生債権等については，担保処分見込額を控除した残額を回収不能額とする方法とされています。

区　分	定　義	算定方法
一般債権	経営状態に重大な問題が生じていない債務者に対する債権	債権全体又は同種・同類の債権ごとに，債権の状況に応じて求めた過去の貸倒実績率等の合理的な基準により算定する（貸倒実績率法）。
貸倒懸念債権	経営破綻の状態には至っていないが，債務の弁済に重大な問題が生じているか又は生じる可能性の高い債務者に対する債権	原則として，債権金額から担保の処分見込額及び保証による回収見込額を減額し，その残額について債務者の財政状態及び経営成績を考慮して算定する。
破産更生債権等	経営破綻又は実質的に経営破綻に陥っている債務者に対する債権	債権金額から担保の処分見込額及び保証による回収見込額を減額し，その残額を取立不能額とする。

（出所）　中小企業の会計に関する指針

関連解説

中小企業における会計上の貸倒処理は，中小企業会計指針（「中小企業の会計に関する指針」）に従うこととされています。

1　中小企業会計指針

中小企業における会計処理は，中小企業会計指針に従うこととされています。

本来，会計処理は企業規模に影響を受けるものではありませんが，中小企業においては会計情報の利用者が限られること，及び，コストベネフィットの観点から簡便処理が認められています（中小企業の会計に関する指針６）。

2　貸倒引当金

中小企業会計指針によれば，金銭債権の回収に懸念が生ずる初期の段階については貸倒引当金を計上する対応になります。

貸倒引当金は，金銭債権について取立不能のおそれがある場合，前頁の表に掲げる状況区分に応じてそれぞれに定める金額を計上しなければなりません（中小企業の会計に関する指針18）。貸倒懸念債権の場合は財産内容評価法によって評価し，破産更生債権等の場合は担保処分見込額を控除した残額をもって評価することになります。

3　貸倒損失

次の段階の処理が貸倒損失の計上です。

債権が法的に消滅した場合，あるいは，回収不能な債権については貸倒損失を計上します（中小企業の会計に関する指針17）。

■貸倒損失・貸倒引当金の要点

- 法的に債権が消滅した場合のほか，回収不能な債権がある場合は，その金額を貸倒損失として計上し，債権金額から控除しなければならない。
- 貸倒引当金は，以下のように扱う。
  (1)　金銭債権について，取立不能のおそれがある場合には，取立不能見込額を貸倒引当金として計上しなければならない。
  (2)　取立不能見込額については，債権の区分に応じて算定する。財政状態に重大な問題が生じている債務者に対する金銭債権については，個別の債権ごとに評価する。
  (3)　財政状態に重大な問題が生じていない債務者に対する金銭債権に対する取立不能見込額は，それらの債権を一括して又は債権の種類ごとに，過去の貸倒実績率等合理的な基準により算定する。

> ⑷　法人税法における貸倒引当金の繰入限度額相当額が取立不能見込額を明らかに下回っている場合を除き，その繰入限度額相当額を貸倒引当金に計上することができる。

（出所）　中小企業の会計に関する指針

4　法人税法基準の容認

中小企業会計指針は，会計処理の簡便化の観点から，科目によっては法人税法による計算を容認しています。

貸倒引当金，貸倒損失については，法人税法上の繰入限度額が明らかに取立不能見込額に満たない場合を除き，法人税法基準による計上を認めています(中小企業の会計に関する指針18)。

Q5 貸倒引当金の対象範囲

当社は，店舗の賃貸借契約に伴い，差入保証金，建設協力金を支払っていますが，これらの債権は貸倒引当金の対象になるのでしょうか。

貸借対照表

受取手形
売掛金
⋮
} 対象範囲は？

A

SUMMARY 貸倒引当金の対象になるのは，売掛金，貸付金その他これらに類する金銭債権です。

差入保証金や敷金，建設協力金は，預け金あるいは担保的な性格を有しているので，貸倒引当金の一括評価の対象にはなりません。

しかし，返還請求を行い取立てに支障が生じた場合には，貸倒引当金の繰入対象になります。

Reference 法法52，法基通11-2-16～18・11-2-3

DETAIL

1 問 題 点

差入保証金や敷金，建設協力金は，預け金あるいは担保的な性格を有しているので，貸倒引当金の対象となる金銭債権には該当しません。

しかし，返還請求を行ったにもかかわらず，取立てに支障が生じたときにおいて貸倒引当金の計上対象にならないかどうかが問題となります。

2　貸倒引当金の対象となる債権

貸倒引当金の対象となる債権は，売掛金，貸付金その他これらに準ずる金銭債権（個別評価金銭債権を除きます）とされています（法法52②)。

上記のその他これらに準ずる金銭債権については，法人税基本通達11-2-16において以下のとおり規定されています。

●法人税基本通達11-2-16　売掛金，貸付金に準ずる債権

法第52条第2項《貸倒引当金》に規定する「その他これらに準ずる金銭債権」には，次のような債権が含まれる。

(1)　未収の譲渡代金，未収加工料，未収請負金，未収手数料，未収保管料，未収　地代家賃等又は貸付金の未収利子で，益金の額に算入されたもの

(2)　他人のために立替払をした場合の立替金（11-2-18の(4)に該当するものを除く。）

(3)　未収の損害賠償金で益金の額に算入されたもの

(4)　保証債務を履行した場合の求償権

(5)　法第81条の18第1項《連結法人税の個別帰属額の計算》に規定する「法人税の負担額」又は「法人税の減少額」として帰せられる金額に係る未収金（当該法人との間に連結完全支配関係がある連結法人に対して有するものを除く。）

（注）　法人がその有する売掛金，貸付金等の債権について取得した先日付小切手を法第52条第2項に規定する金銭債権に含めている場合には，その計算を認める。

また，受取手形を裏書譲渡した場合については，法人税基本通達11-2-17において対象とされています。

●法人税基本通達11-2-17　裏書譲渡をした受取手形

法人がその有する売掛金，貸付金その他これらに準ずる金銭債権（以下「売掛債権等」という。）について取得した受取手形につき裏書譲渡（割引を含む。

以下11-２-17において同じ。）をした場合には，当該売掛金，貸付金等の既存債権を売掛債権等に該当するものとして取り扱う。したがって，裏書により取得した受取手形（手形法（昭和７年法律第20号）第18条第１項本文又は第19条第１項本文に規定する裏書により取得したものを除く。）で，その取得の原因が売掛金，貸付金等の既存債権と関係のないものについて更に裏書譲渡をした場合には，その受取手形の金額は売掛債権等の額に含まれないことに留意する。
（注）この取扱いは，その裏書譲渡された受取手形の金額が財務諸表の注記等において確認できる場合に適用する。

3　貸倒引当金の対象とならない債権

一方，寄託債権や預け金的性格を有する債権，前払い的性格の債権，経費の未精算金については，貸倒引当金の対象になりません。法人税基本通達11-２-18において，貸倒引当金の対象にならない債権として規定されています。

●法人税基本通達11-２-18　売掛債権等に該当しない債権

次に掲げるようなものは，売掛債権等には該当しない。
⑴　預貯金及びその未収利子，公社債の未収利子，未収配当その他これらに類する債権
⑵　保証金，敷金（借地権，借家権等の取得等に関連して無利息又は低利率で提供した建設協力金等を含む。），預け金その他これらに類する債権
⑶　手付金，前渡金等のように資産の取得の代価又は費用の支出に充てるものとして支出した金額
⑷　前払給料，概算払旅費，前渡交際費等のように将来精算される費用の前払として一時的に仮払金，立替金等として経理されている金額
⑸　金融機関における他店為替貸借の決済取引に伴う未決済為替貸勘定の金額
⑹　証券会社又は証券金融会社に対し，借株の担保として差し入れた信用取引に係る株式の売却代金に相当する金額
⑺　雇用保険法，雇用対策法，障害者の雇用の促進等に関する法律等の法令の規定に基づき交付を受ける給付金等の未収金
⑻　仕入割戻しの未収金

⑼　保険会社における代理店貸勘定（外国代理店貸勘定を含む。）の金額
⑽　法第61条の５第１項《デリバティブ取引に係る利益相当額の益金算入等》に規定する未決済デリバティブ取引に係る差金勘定等の金額
⑾　法人がいわゆる特定目的会社（SPC）を用いて売掛債権等の証券化を行った場合において，当該特定目的会社の発行する証券等のうち当該法人が保有することとなったもの
（注）　仮払金等として計上されている金額については，その実質的な内容に応じて売掛債権等に該当するかどうかを判定することに留意する。

4　取立てに支障が生じた場合の取扱い

保証金，敷金（借地権，借家権等の取得等に関連して無利息又は低利率で提供した建設協力金等を含みます），預け金その他これらに類する債権については，貸倒引当金の対象となる金銭債権に該当しません。

しかし，返還請求を行ったにもかかわらず，取立てに支障が生じたときには，貸倒引当金の対象になる旨が法人税基本通達11－２－３に規定されています。

●法人税基本通達11－２－３　貸倒れに類する事由

法第52条第１項《貸倒引当金》に規定する「貸倒れその他これに類する事由」には，売掛金，貸付金その他これらに類する金銭債権の貸倒れのほか，例えば，保証金や前渡金等について返還請求を行った場合における当該返還請求債権が回収不能となったときがこれに含まれる。

5　会計上の預託保証金の取扱い

金融商品会計基準において，将来返還される建設協力金等の差入預託保証金は，返済期日までのキャッシュ・フローを割り引いた現在価値が時価として認識され，その金額が貸付金として処理されます（金融商品会計に関する実務指針133）。

しかし，預託保証金であるため，税務上は，「売掛金，貸付金その他これらに準ずる金銭債権」には該当しません。したがって，回収に懸念が生じ個別評価の対象に該当する場合を除き，貸倒引当金の対象にはならないこととされています。

Q6 低廉取得した場合の形式基準（貸倒引当金）の適用

当社は額面金額100よりも低廉な価額70で取得した債権を有しています。その債務者が今般民事再生手続の開始申立てを行いました。この場合に貸倒引当金の形式基準にて50%相当額を計上できると聞きましたが，50%を乗ずる金額は取得価額70でしょうか，それとも額面金額100でしょうか。

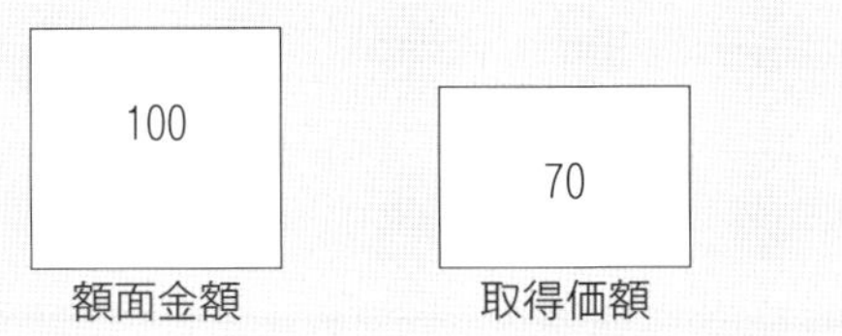

A

SUMMARY 諸説がありますが，取得価額70をもとに50%を乗ずるのが妥当と考えます。

(Reference) 法法52①，法令96①三

DETAIL

1 問題点

貸倒引当金の形式基準は，法人税法施行令96条１項３号において，民事再生法の規定による再生手続開始の申立てが生じた場合に，その個別評価金銭債権の額の100分の50に相当する金額の繰入れを認めています。

この個別評価金銭債権の額については，法人税法52条１項において，その一部につき貸倒れその他これに類する事由による損失が見込まれる金銭債権をいうとされていますが，法人が債権を低廉な価格で取得した場合に，取得価額をもとに計算してよいのか，額面金額をもとに算定できるのか，明文がないため問題となります。

	個別評価金銭債権の額	繰入限度額
取得価額説	70	35（70×50%）
額面説１（想定貸倒率）	100	50（100×50%）
額面説２（想定回収率）	100	20（70−50）

2　2つの説

(1)　取得価額説

貸倒引当金の根拠規定である法人税法52条１項は，「金銭債権のうち，一定の事実が生じていることによりその一部につき貸倒れその他これに類する事由による損失が見込まれるもののその損失の見込額として，各事業年度において損金経理により貸倒引当金勘定に繰り入れた金額については，当該繰り入れた金額のうち，当該事業年度終了の時において当該個別評価金銭債権の取立て又は弁済の見込みがないと認められる部分の金額に達するまでの金額は，当該事業年度の所得の金額の計算上，損金の額に算入する」と規定しています。

要約すると，

前段⇒損失見込額として損金経理した金額のうち，

後段⇒取立て見込みがない金額は損金になる

という規定です。

上記の規定ぶりから，前段の損失見込額が最大値となることが読めますが，損失の見込額は最大でも取得価額を超えることはありえないため，法人税法52条の適用においては取得価額が限度になることを前提としていると読むことができます。

したがって，この考え方に立てば，繰入限度額は35（70×50%）となります。

(2)　額 面 説

貸倒引当金の形式基準は，債務者が法的手続等の入口にいる状態のときに計上を認める規定です。債務者が法的手続をとるということは債務超過や支払不能等の倒産原因が存在するわけですから，債権者としては債権額満額の回収は見込めないことになります。本来的には，債務者の財務状態の棄損度合いによって貸倒率は異なるはずですが，現行法人税法においては一律にその割合を50%としています。この50%は暫定的な想定貸倒率と考えられます。倒産の入口時点では，債務会社の財務状況，支払能力など回収可能額の適正な測定は困難でしょうし，その後の手続進展によって適正額が明らかにされていくことを前提にすれば，入口時点で概算額とすることも容認できるわけです。

だとすれば，あくまでも形式基準は暫定的な簡便法なので，債権の額面金額を基礎として計算することも容認できるものと思われます。

この額面説に立てば，額面100の債権を有する債権者は50%相当額として計算される50（100×50%）が想定貸倒額と計算されるので，仮に70で取得した債権者についても50の貸倒引当金が計上できることになります。

しかし，額面説は想定貸倒率でなく想定回収率の立場に立つと逆に作用します。

破綻状態に陥った債務者が債務を弁済する場合には，債権者平等の原則が働きます。担保権や優先債権の場合は別ですが，一般債権者（無担保債権者）は公平に取り扱われるのが基本です。この場合，債権をいくらで取得したかは問われません。70にて額面100の債権を取得した債権者であっても，50の回収ができます。そうすると，回収不能額は20（70－50）と計算されるので，想定回収率の立場に立った場合には貸倒引当金は20しか計上できないことになります。

（3）結　　論

法人税法の規定ぶりや計算の簡便性等を総合すると，取得価額説によって計算される35（70×50%）が繰入限度額として妥当と考えます。

Q7 貸倒引当金における債務超過の意味

得意先の売掛金について，貸倒引当金の計上を考えています。

得意先から貸借対照表を入手したところ，帳簿価額上は資産超過でした。

ところが，資産のうちには大きな含み損を抱える土地があって時価ベースの貸借対照表は債務超過です。

実質基準によって貸倒引当金を計上する場合には，債務超過の状態が相当期間継続していることが要件の１つとされています。ここでいう債務超過とは，帳簿価額ベースなのか，時価ベースなのか，どちらを意味するのでしょうか。

A

SUMMARY　その事業年度末日において，時価ベースで債務超過であることが必要です。

Reference　法令96①二

DETAIL

1　問 題 点

貸倒引当金を実質基準によって計上する場合，債務超過の状態が相当期間継続していることが必要です。この債務超過の状態については，帳簿価額ベースなのか時価ベースなのか，どちらを意味するのかが問題になります。

2　実質基準による貸倒引当金

内国法人がその事業年度終了の時において有する個別評価金銭債権に係る債務者につき，債務超過の状態が相当期間継続し，かつ，その営む事業に好転の見通しがないこと，災害，経済事情の急変等により多大な損害が生じたことその他の事由が生じていることにより，個別評価金銭債権の一部の金額につきその取立て等の見込みがないと認められる場合にその一部の金額に相当する金額（長期棚上げに該当するものを除きます）について，貸倒引当金を計上することが認められます（法令96①二）。

3　債務超過の意味

上記の債務超過の状態については，帳簿価額ベースでの債務超過，又は，時価ベースでの債務超過の２通りが考えられます。

本規定の背景にあるのは，債務の支払いができる状況にあるかどうか，つまり，債務者の支払能力を測定することです。この場面では帳簿価額はあまり意味を持ちません。なぜなら，帳簿価額は取得価額を基礎としているため，帳簿価額と時価に開きがある場合には現時点の支払能力を意味しないためです。

したがって，すべての資産をその事業年度末日における時価に修正し，資産の時価総額をもって債務の時価総額を支払うことができるかどうかを測定し，債務の方が大きい状態，つまり時価ベースで債務超過の状態にあることが，貸倒引当金を計上できる要件となります。なぜなら，資産総額よりも債務総額が大きい状態とは，資産のすべてをもって債務の支払ができない破産原因が生じている深刻な状態だからです。

参考

貸倒損失を実質基準にて計上する場合においても，債務超過の状態が相当期間継続することが求められています（法基通９－６－１⑷）。貸倒損失の場合の債務超過の状態についても，同様に時価ベースで測定するものと考えますが，詳細は**Q18**を参照してください。

Q8 貸倒引当金における相当期間の意味

実質基準によって貸倒引当金を計上する場合には，債務超過の状態が相当期間継続していることが要件の１つとされています。ここでいう相当期間とは，どのくらいの期間を指すのでしょうか。

A

SUMMARY 貸倒引当金の相当期間については，法人税基本通達において，おおむね１年以上とされています。

(Reference) 法令96①二，法基通11－２－６

DETAIL

1　問 題 点

実質基準によって貸倒引当金を計上する場合には，債務超過の状態が相当期間継続していることが要件の１つとされています。

この相当期間について，どの程度の期間を指すのかが問題になります。

2　実質基準による貸倒引当金

内国法人がその事業年度終了の時において有する個別評価金銭債権に係る債務者につき，債務超過の状態が相当期間継続し，かつ，その営む事業に好転の見通しがないこと，災害，経済事情の急変等により多大な損害が生じたことその他の事由が生じていることにより，個別評価金銭債権の一部の金額につきその取立て等の見込みがないと認められる場合にその一部の金額に相当する金額（長期棚上げに該当するものを除きます）について，貸倒引当金を計上することが認められます（法令96①二）。

3　相当期間とは

●**法人税基本通達11－2－6**

> 令第96条第1項第2号《貸倒引当金勘定への繰入限度額》に規定する「債務者につき，債務超過の状態が相当期間継続し，かつ，その営む事業に好転の見通しがないこと」における「相当期間」とは，「おおむね1年以上」とし，その債務超過に至った事情と事業好転の見通しをみて，同号に規定する事由が生じているかどうかを判定するものとする。

上記の債務超過の状態とは，破産原因が存在する深刻な状況ですので，債権者は通常債権回収のためにあらゆる努力をすることになります。債務超過だから1円も債権回収できないわけでなく，見合いの資産があるわけでしょうから一定の回収ができる場合が通常です。しかし，そうはいっても，債務超過の状態とは，資産のすべてをもって債務の支払ができない状態です。債権者にとっては，債権の全額が回収できない状況が存在するわけですから，税法においても債権の棄損部分について貸倒引当金の計上を認めているわけです。

ただし，債務超過になったとしても，一時的な場合やそれほど深刻な状況でなく容易に回復の見通しがある場合もあります。そこで，債務超過状態の相当期間継続の要件を加えて，軽度で回復余地の高い債務超過状態を除いているのです。

この規定は，形式基準と並べてみることで理解できます。

例えば，破産法の破産手続開始の申立て（法令96①三ハ）があった場合には，債権の50％について形式基準にて貸倒引当金が計上できます。50％の繰入率はさておき，倒産手続の申立てを発動事由としています。

実質基準の債務超過状態の相当期間継続も同じ発動事由です。倒産手続の申立てと同程度の状態を実質基準においても求め，債務超過状態であったとしても回復の可能性が見込めるものは除外していることがわかります。

参考

書面による債権放棄を行って貸倒損失処理をする場合においても，債務超過の状態が相当期間継続していることが求められます（法基通9－6－1(4)）。

貸倒損失は最終処理の場面ですから，相当期間の考え方としてはより慎重なものが求められ，回収のためのあらゆる努力をし，回収が困難と判断する上での期間を意味するものと考えます。したがって，貸倒損失の場合の相当期間は形式的に1年というものでなく，個別事情によって異なることになりますが，詳細は**Q19**を参照してください。

Q9 個人保証がある場合の貸倒引当金の計算

得意先との商取引の開始にあたり，代表者の親族から個人保証を得ています。その取引先が破産手続の申立てをし，代表者個人も破産するようです。これから保証人である代表者親族からも回収を図る予定ですが，保証人の資力は乏しく，回収は難しそうです。

個人保証人がいる場合の貸倒引当金繰入額の計算上の取扱いについて，どのように考えたらよいのでしょうか。

A

SUMMARY 貸倒引当金の形式基準，実質基準，長期棚上げでは，それぞれの担保や保証に係る規定ぶりが相違します。簡単にいうと，物的保証についてはいずれも考慮します。しかし，人的保証については，長期棚上げと形式基準の場合は考慮不要が原則ですが，形式基準では金融機関・保証機関による保証は考慮します。実質基準は人的保証についても原則として厳密に考慮します。

	人的保証	物的保証
形式基準	考慮不要（金融機関等は必要）	考慮要
実質基準	考慮要	考慮要
長期棚上げ	考慮不要	考慮要

(Reference) 法令96①，法基通11－2－5・11－2－7

DETAIL

1 問 題 点

貸倒引当金の形式基準，実質基準，長期棚上げのそれぞれについて，担保や保証がある場合の規定ぶりが相違しているため，具体的にどのように理解したらよいかが問題です。

それぞれの類型ごとに，物的保証及び人的保証の取扱いを整理してみます。

2　長期棚上げ等

民事再生法の規定による再生計画認可の決定等の特定事由が生じた事業年度終了日から５年を経過する日までに弁済されることとなっている以外の金額について，貸倒引当金を計上できます。この場合，担保権の実行その他により取立て等の見込みがあると認められる部分の金額は控除されます（法令96①一）。

この担保権の実行により取立て等の見込みがあると認められる部分の金額とは，質権，抵当権，所有権留保，信用保険等によって担保されている部分の金額とされています（法基通11－２－５）。

法人税法施行令96条１項１号（長期棚上げ等）及び３号（形式基準）について規定している法人税基本通達11－２－５は，96条１項３号（形式基準）においては，金融機関・保証機関による保証がある場合に限定して控除することとしています。この反対解釈として，法人税法施行令96条１項１号（長期棚上げ等）及び３号（形式基準）の場合には，原則として個人保証は控除しなくてもよいものと読むことができます。

●法人税基本通達11－２－５　担保権の実行により取立て等の見込みがあると認められる部分の金額

> 令第96条第１項第１号及び第３号《貸倒引当金勘定への繰入限度額》に規定する担保権の実行により取立て等の見込みがあると認められる部分の金額とは，質権，抵当権，所有権留保，信用保険等によって担保されている部分の金額をいうことに留意する。

また，法人税基本通達11－２－７は，実質基準を適用する場合に，人的保証による回収額を控除するが，回収が難しい事情等がある場合には考慮を不要とする規定です。この規定ぶりからすると，人的保証は原則として実質基準に限って控除することが読み取れます。

●法人税基本通達11－２－７　人的保証に係る回収可能額の算定

> 令第96条第１項第２号《貸倒引当金勘定への繰入限度額》に規定する「当該個別評価金銭債権の一部の金額につきその取立て等の見込みがないと認められる場合」における「当該一部の金額に相当する金額」とは，その金銭債権の額から担保物の処分による回収可能額及び人的保証に係る回収可能額などを控除して算定するのであるが，次に掲げる場合には，人的保証に係る回収可能額の算定上，回収可能額を考慮しないことができる。
> （以下，省略）

3　実質基準

債務者につき，債務超過の状態が相当期間継続し，かつ，その営む事業に好転の見通しがないこと，災害，経済事情の急変等により多大な損害が生じたことその他の事由が生じていることにより，金銭債権の一部の金額につきその取立て等の見込みがないと認められる場合には，その一部の金額に相当する金額について，貸倒引当金の繰入れが認められます（法令96①二）。

この場合，担保権の実行その他により取立て等の見込みがある金額は控除されます。実質基準の場合には，人的担保，物的担保すべて考慮しますが，人的担保を考慮しなくてよいケースがあります（法基通11－２－７）。詳細は**Q11**を参照ください。

4　形式基準

債務者について，法的手続の開始申立て等があった場合，債権額の50％相当額について貸倒引当金の繰入れが認められます。

対象となる債権額からは債務者から受け入れた金額があるため実質的に債権とみられない部分の金額及び担保権の実行，金融機関又は保証機関による保証債務の履行その他により取立て等の見込みがあると認められる部分の金額は除かれます（法令96①三）。

人的保証は，形式基準であることに鑑みて原則として控除は不要ですが，金融機関・保証機関による保証がある場合には控除することとされています。

Q10 貸倒引当金における形式基準と実質基準の選択

期末時点において，当社が取引先に対して有する債権100のうち回収可能な額は60と見積もられます。前期にこの取引先が手形交換所の取引停止処分を受けた時点で，50%の50を貸倒引当金としてすでに計上していますが，この繰入額については修正が必要でしょうか。

A ……………………………………………………………………

SUMMARY 法人税法施行令96条１項３号の形式基準によって，50%の繰入れを継続することが認められます。

Reference 法令96

DETAIL

1 問題点

貸倒引当金は，法人税法施行令96条に規定され，そのうち，正常債権以外を対象とする個別評価には，形式基準（３号），実質基準（２号），長期棚上げ（１号）があります。形式基準（３号）は，貸倒れの入口で計上を認めるもので，暫定的に債権額の50%の計上を認めています。その後，債務整理手続の進捗によって回収率（回収額）が判明し，実質基準（２号），長期棚上げ（１号）を適用することになります。

この場合，回収率が当初の50%よりも少なくなるのが通例ですが，逆に回収率が大きくなった場合にどうしたらよいのか問題が生じます。

	入口 各種手続申立て時点	その後 各種手続認可決定時点		対応
ケース1	回収率50% （免除率50%）	回収率20% （免除率80%）	➡	貸倒引当金の追加 又は貸倒損失
ケース2	回収率50% （免除率50%）	回収率60% （免除率40%）	➡	貸倒引当金 の戻入れ？？

2　法人税法施行令96条の読み方

●法人税法施行令96条　貸倒引当金勘定への繰入限度額

法第52条第1項（貸倒引当金）に規定する政令で定める場合は，次の各号に掲げる場合とし，同項に規定する政令で定めるところにより計算した金額は，当該各号に掲げる場合の区分に応じ当該各号に定める金額とする。

一　法第52条第1項の内国法人が当該事業年度終了の時において有する金銭債権に係る債務者について生じた次に掲げる事由に基づいてその弁済を猶予され，又は賦払により弁済されること　当該金銭債権の額のうち当該事由が生じた日の属する事業年度終了の日の翌日から5年を経過する日までに弁済されることとなっている金額以外の金額（担保権の実行その他によりその取立て又は弁済（以下この項において「取立て等」という。）の見込みがあると認められる部分の金額を除く。）

　イ　更生計画認可の決定

　ロ　再生計画認可の決定

　ハ　特別清算に係る協定の認可の決定

　ニ　イからハまでに掲げる事由に準ずるものとして財務省令で定める事由

二　当該内国法人が当該事業年度終了の時において有する金銭債権に係る債務者につき，債務超過の状態が相当期間継続し，かつ，その営む事業に好転の見通しがないこと，災害，経済事情の急変等により多大な損害が生じたことその他の事由により，当該金銭債権の一部の金額につきその取立て等の見込みがないと認められること（当該金銭債権につき前号に掲げる事実が生じている場合を除く。）　当該一部の金額に相当する金額

三　当該内国法人が当該事業年度終了の時において有する金銭債権に係る債務者につき次に掲げる事由が生じていること（当該金銭債権につき第一号に掲

げる事実が生じている場合及び前号に掲げる事実が生じていることにより法第52条第１項の規定の適用を受けた場合を除く。） 当該金銭債権の額（当該金銭債権の額のうち，当該債務者から受け入れた金額があるため実質的に債権とみられない部分の金額及び担保権の実行，金融機関又は保証機関による保証債務の履行その他により取立て等の見込みがあると認められる部分の金額を除く。）の100分の50に相当する金額
イ　更生手続開始の申立て
ロ　再生手続開始の申立て
ハ　破産手続開始の申立て
ニ　特別清算開始の申立て
ホ　イからニまでに掲げる事由に準ずるものとして財務省令で定める事由

法人税法施行令96条の規定を読むと，

- 実質基準（２号）には，前号（１号）に掲げる事実が生じている場合を除くと記されています。
- 形式基準（３号）には，第１号に掲げる事実が生じている場合及び前号（２号）に掲げる事実が生じていることにより，法人税法52条１項の規定の適用を受けた場合を除くと記されています。

以上の規定ぶりから，次のことが導かれます。

- 長期棚上げ（１号）は，実質基準（２号）及び形式基準（３号）よりも優先する。つまり，長期棚上げ事由（１号事由）が生じたときは，実質基準（２号），形式基準（３号）は適用されないことになります（仮に１号の金額がゼロであったとしても）。
- 実質基準（２号）と形式基準（３号）の関係は優劣なしの任意適用です。形式基準（３号）が実質基準（２号）の適用を受けた場合を除くと規定していることがその根拠となります。

したがって，実質基準（２号）を適用せずに形式基準（３号）を継続するという選択も可能になると考えられます。

Q11　貸倒引当金計算において，個人保証をみなくてよい例外

得意先であるＡ社が破産しました。

Ａ社債務の保証人であるＢさんからの回収を検討していますが，Ｂさんの財務状況，収入状況は以下のとおりです。

Ｂさん（個人）には無担保資産がなく，かつ，無職で高齢のため，回収は困難な状況です。このような場合には保証人からの回収はゼロとしても認められるでしょうか。

- 債務者Ａ社に対する債権額　5,000万円
- 保証人Ｂさんの財産＝自宅不動産　時価2,000万円
  （Ｃ銀行による抵当権2,000万円）
- Ｂさんの年収　100万円（年金収入）

A

SUMMARY　保証人が個人の場合には，その有する資産面からのアプローチと，収入面からのアプローチを行い，回収可能性を検討します。無担保資産はないということですから，資産面からの回収額はゼロになり，収入面からのアプローチを行うことになります。収入については，年収額が保証債務額の５％未満のときは回収を考慮しなくてもよいこととされています。

5,000万円×５％＝250万円＞100万円

したがって，法人税基本通達11−２−７(5)により，回収可能額を考慮しなくてもよいことになります。

Reference　法基通11−２−７

DETAIL

1　問 題 点

実質基準による貸倒引当金の計算に際し，保証人からの回収額については，人的保証として考慮します。

保証人に無担保資産がなくても，若干の収入がある場合に回収額をどのように考えるかが問題となります。

2　人的保証を考慮しなくてもよい場合

法人税基本通達11-２-７において，人的保証による回収額を考慮しなくてよい場合について，以下のとおり規定されています。

したがって，Ｂさんは(5)のイ及びロに該当し，無担保資産がなく，かつ，年収額が保証債務額の５％未満なので，保証人からの回収可能額は考慮不要となります。

●法人税基本通達11-２-７　人的保証に係る回収可能額の算定

令第96条第１項第２号《貸倒引当金勘定への繰入限度額》に規定する「当該金銭債権の一部の金額につきその取立て等の見込みがないと認められる場合」における「当該一部の金額に相当する金額」とは，その金銭債権の額から担保物の処分による回収可能額及び人的保証に係る回収可能額などを控除して算定するのであるが，次に掲げる場合には，人的保証に係る回収可能額の算定上，回収可能額を考慮しないことができる。

(1)　保証債務の存否に争いのある場合で，そのことにつき相当の理由のあるとき

(2)　保証人が行方不明で，かつ，当該保証人の有する資産について評価額以(4)
保証人が生活保護を受けている場合（それと同程度の収入しかない場合をの
質権，抵当権（以下11-２-７において「質権等」という。）が設定されてい

ること等により当該資産からの回収が見込まれない場合

(3)　保証人について令第96条第１項第３号《貸倒引当金勘定への繰入限度額》に掲げる事由が生じている場合

(4)　保証人が生活保護を受けている場合（それと同程度の収入しかない場合を含む。）で，かつ，当該保証人の有する資産について評価額以上の質権等が設定されていること等により当該資産からの回収が見込まれないこと。

(5)　保証人が個人であって，次のいずれにも該当する場合

イ　当該保証人が有する資産について評価額以上の質権等が設定されていること等により，当該資産からの回収が見込まれないこと。

ロ　当該保証人の年収額（その事業年度終了の日の直近1年間における収入金額をいう。）が当該保証人に係る保証債務の額の合計額（当該保証人の保証に係る金銭債権につき担保物がある場合には当該金銭債権の額から当該担保物の価額を控除した金額をいう。以下11－2－7において同じ。）の５％未満であること。

(注)１　当該保証人に係る保証債務の額の合計額には，当該保証人が他の債務者の金銭債権につき保証をしている場合には，当該他の債務者の金銭債権に係る保証債務の額の合計額を含めることができる。

２　上記ロの当該保証人の年収額については，その算定が困難であるときは，当該保証人の前年（当該事業年度終了の日を含む年の前年をいう。）分の収入金額とすることができる。

Q12 貸倒引当金の計算における実質的に債権とみられないものの金額の選択

当社は，資本金1,000万円の中小企業者ですが，貸倒引当金の計算において法定繰入率を用いているので，実質的に債権とみられないものの金額の計算について取引先ごとに計算する原則法を採用してきました。

しかし，２年前に設立した関係会社との取引から生ずる債権債務が両膨らみになってきたので，今後は過去の実績率を用いる簡便法の採用を検討しています。

この場合，原則法と簡便法は，どちらが有利なのでしょうか。

〈関係会社債権債務部分を抜き出すと〉

関係会社売掛金　1,000　　関係会社買掛金　600

- 債権総額だと　⇒　1,000
- 債権純額だと　⇒　　400

A

SUMMARY　原則法と簡便法の両方を計算して，金額の少ない方法を選んだ方が有利です。また，継続適用による縛りもないので毎期有利な方法を選べます。

貴社のように，同じ取引先との間に存在する債権と債務が両膨らみになってきたのであれば，そうでなかったときの過去実績割合が利用できる簡便法の方が有利と思われます。また，簡便法は計算が簡便なので，原則法計算が煩雑で事務負担等を軽くしたい場合にも有効です。

〈関係会社債権債務部分を抜き出し〉

① 実質的に債権とみられないものの金額

- 原則法　600
- 簡便法　1,000×５％(注)＝50

② 貸倒引当金繰入限度額

- 原則法　(1,000－600)×10%(注)＝40
- 簡便法　(1,000－50)×10%(注)＝95

∴簡便法有利

（注）　あくまで仮値による計算です。

Reference　措法57の９①，措令33の７②③

DETAIL

1　問 題 点

法定繰入率によって貸倒引当金を計算する場合には，金銭債権等の額から実質的に債権とみられないものの額は控除します（措法57の９①，措令33の７②）。

この実質的に債権とみられないものの額は，本来，個々の債務者ごとに計算すべきですが，過去の実績をもとに計算した簡便計算が認められています。

したがって，債務者ごと計算の原則法か，過去実績による簡便法か，どちらの方法を選択したらよいか，問題になります。

2　原 則 法

債務者ごと計算の原則法とは，金銭債権の相手先ごとに債権と債務を比較して，いずれか少ない金額を実質的に債権とみられない金額とする方法です（措令33の７②）。

■原則法による計算の例

		債権	債務	実質的に債権とみられないものの額
A　社	売掛金	100		
	買掛金		20	20
B　社	未収金	10		
	預り敷金		30	10

（合計）　30

3 簡便法

実質的に債権とみられないものの額については，本来，個々の債務者ごとに計算すべきですが，過去の実績をもとに以下のような簡便計算が認められています（措令33の7③）。

当該事業年度末の一括評価金銭債権の額	×	基準年度末の実質的に債権とみられないものの額の合計額 / 基準年度末の一括評価金銭債権の額の合計額	（左記の割合に小数点以下3位未満の端数があるときは，切り捨てます。）

（注） 基準年度とは，平成27年4月1日から平成29年3月31日までの間に開始した各事業年度であり，簡便計算の適用が受けられるのは，平成27年4月1日に存在していた法人，同日後に行われる適格合併に係る合併法人にあっては，その法人及びその適格合併に係る被合併法人のすべて（その適格合併が新設合併の場合にはその適格合併に係る被合併法人のすべて）が平成27年4月1日に存在していた場合に限られます。

Q13 貸倒引当金計算における法定繰入率と実績繰入率（子会社整理損・支援損がある場合）

当社は資本金1,000万円の小売業を営む中小企業です。

従来，貸倒引当金の計算に際しては，小売業の法定繰入率10／1,000を用いていました。

しかし，昨年，子会社整理を行い子会社に対する売掛債権の放棄を行ったので，その放棄損失が繰入率計算に含まれると実績繰入率の方が明らかに有利になります。

子会社に対する債権放棄損については，実績繰入率の計算に含めることができるのでしょうか。

A

SUMMARY 実績繰入率の計算は，売掛債権等の貸倒損失，個別評価貸倒引当金額等が対象です。子会社整理又は再建の場合の債権放棄損は寄附金に該当しない場合に限り供与する経済的利益の額として損金処理が認められているので，貸倒損失処理には該当しないとの考え方があります（瀬戸口有雄『四訂版　否認を受けないための貸倒引当金の税務』税務研究会出版局）。

この考え方に従えば，子会社債権放棄損を除いたところで実績繰入率を計算し，法定繰入率10／1,000と有利な方を選択することになります。

〈例〉

① 法定繰入率　　10%

② 実績繰入率　$\frac{\text{３年内貸倒損失等}^{(\text{注})}20}{\text{３年内一括評価金銭債権等}1,000} = 2\%$

この場合，法定繰入率が有利

（注） 子会社整理損失を含まない額です。

(Reference) 法令96②③，措法57の９①，措令33の７，措通57の10-４

DETAIL

1 問題点

貸倒引当金の一括評価の計算は，期末の売掛金や貸付金等の一括評価金銭債権に対して繰入率を乗じて引当金の繰入額を計算します（法令96⑥）。

繰入限度額 ＝	期末一括評価金銭債権の帳簿価額の合計額 （個別評価対象債権を除く）	× 貸倒繰入率

中小企業者の場合，この繰入率について，法定繰入率か実績繰入率の選択適用が認められています。

貴社のように子会社に対する債権放棄損がある場合には，金額的なインパクトも大きくなることから，債権放棄損を実績繰入率の計算に含めることができるかにより大きな相違が生じますが，明文規定がないためその取扱いが問題となります。

2 子会社債権放棄損の取扱い

実績繰入率の計算は，売掛債権等の貸倒損失，個別評価貸倒引当金額等が対象です。

子会社に対する金銭債権の貸倒れであっても，子会社だからといって対象外になるものではありません。しかし，子会社整理又は再建の場合の債権放棄損は寄附金に該当しない場合に限り供与する経済的利益の額として損金処理が認められているので，貸倒損失処理には該当しないとの考え方があります（瀬戸口有雄『四訂版　否認を受けないための貸倒引当金の税務』税務研究会出版局）。その理由は，これを認めると，債権放棄損と貸倒引当金の二重計上を認めることになるためであり，したがって，法人税基本通達9－4－1，法人税基本通達9－4－2の適用による損失は実績繰入率計算の分子に含めないこととされています。また，親会社が子会社を整理する場合，親会社が損失負担のほとんどすべてを負うことが実務的に多いので，損失をプロラタで負担する貸倒損失とは，そもそも性格が異なることも理由の１つであると思われます。

この考え方に従えば，子会社債権放棄損を除いたところで実績繰入率を計算し，法定繰入率の10／1,000と有利な方を選択することになります。

なお，債権譲渡による譲渡損についても，同様に貸倒損失には該当しないことになります。

3　実績繰入率の計算

$$\frac{\left(\text{前3年内事業年度における売掛債権等の貸倒損失の合計額} + \text{その各事業年度の個別評価分の貸倒引当金繰入額の損金算入額} - \text{その各事業年度の個別評価分の貸倒引当金戻入額の益金算入額}\right) \times 12 \div \text{各事業年度の月数合計}}{\left(\text{事業年度開始の日前3年以内に開始した各事業年度終了時の一括評価金銭債権の帳簿価額合計額}\right) \div \text{各事業年度数}}$$

小数点以下４位未満の端数があるときは切り上げます。また，算式中の月数は暦によって計算し，１月に満たない端数が生じたときはこれを１月とします(法令96⑥)。

4　法定繰入率の計算

中小企業については，租税特別措置法で貸倒実績率に代えて法定繰入率を選択適用することが認められています（措法57の９①)。

中小企業とは，期末資本金の額又は出資金の額が１億円以下の普通法人です(措法57の９①，措令33の７①)。

なお，平成22年度税制改正において，資本金の額又は出資金の額が5億円以上の大法人の100％子会社，投資法人，特定目的会社，相互会社，外国相互会社については，中小企業者としての特例は適用できなくなりました。

5億円の区切りは，法人税法にはなじみがありませんが，会社法上大会社が資本金5億円以上とされていることから，採用されたようです。

■法定繰入率

業　種	繰入率
卸売及び小売業（飲食店業及び料理店業を含み，割賦販売小売業を除く）	10／1,000
製造業（電気業，ガス業，熱供給業，水道業及び修理業を含む）	8／1,000
金融及び保険業	3／1,000
割賦販売小売業及び割賦購入あっせん業	13／1,000
その他の事業	6／1,000

法定繰入率による場合には，売掛債権等の額から実質的に債権とみられないものの額は控除します（措法57の9①，措令33の7②）。

この実質的に債権とみられないものの額については，本来，個々の債務者ごとに計算すべきですが，過去の実績をもとに計算した簡便計算が認められています（措令33の7③）。

$$\text{当該事業年度末の一括評価金銭債権の額} \times \frac{\text{基準年度末の実質的に債権とみられないものの額の合計額}}{\text{基準年度末の一括評価金銭債権の額の合計額}}$$

（左記の割合に小数点以下3位未満の端数があるときは，切り捨てます。）

（注）基準年度とは，平成27年4月1日から平成29年3月31日までの間に開始した各事業年度であり，簡便計算の適用が受けられるのは，平成27年4月1日に存在していた法人，同日後に行われる適格合併に係る合併法人にあっては，その法人及びその適格合併に係る被合併法人のすべて（その適格合併が新設合併の場合にはその適格合併に係る被合併法人のすべて）が平成27年4月1日に存在していた場合に限られます。

5　計算の留意事項

貸倒引当金の一括評価計算の主な留意事項は，次のとおりです。

① 実績繰入率の分子の貸倒額は，貸倒損失と個別評価分の繰入額（戻入れを控除したネット金額）の合計になりますが，債権譲渡損や整理損は含まないものと解されています。

② 設立年度の実績繰入率は，その設立年度（法令96⑥一）で計算します。

③ 法定繰入率の適用に際し，複数事業を兼営しているときは，主たる事業の割合を用い，それぞれの事業ごとに区分して計算することはしません（措通57の9－4）。

④ 法定繰入率と実績繰入率の選択に関して修正申告での変更は認められないものと考えられます。

⑤ 実質的に債権とみられないものの金額は，債務者ごとに計算することが原則ですが，平成27年4月1日に存在していた法人については，基準年度（平成27年4月1日～平成29年3月31日開始年度）の実績をもとにした簡便計算が認められています（措令33の7③）。

⑥ 令和2年度税制改正において，完全支配関係がある法人に対する金銭債権が貸倒引当金の対象外となり，令和4年4月1日開始事業年度から適用されます。貸倒実積率の計算において，令和4年4月1日前開始事業年度がある場合，改正前のまま計算することとされています（令和2年6月改正法令等附則14②）。

Q14 会計指針と税務の相違

得意先が破産手続開始決定を受けたため，売掛債権（無担保）1,000の50%相当額500について貸倒引当金を繰入れしていましたが，回収がほぼなさそうだと管財人の説明があったことから，残債権全額について貸倒損失を計上しました。これは，中小企業会計指針に従った処理です。

しかし，破産会社はいまだ換価されていない無担保資産を有しており，いくばくかの配当が見込める可能性が残されているので，税務上は貸倒損失処理することは時期尚早との指摘を顧問税理士から受けました。

この会計と税務のズレについて，法人税申告において税務調整を行う予定です。この他に中小企業会計指針と税務処理に違いが生ずることはありますか。

A

SUMMARY 中小企業会計指針は法人税法の計算を一応容認しています。

しかし，法人税法による繰入限度額が明らかに取立不能見込額に満たない場合には，中小企業会計指針に基づいて計算することになるので，その場合には相違が生ずることになり税務調整が必要です。

DETAIL

中小企業会計指針（「中小企業の会計に関する指針」）は，中小企業の計算書類作成にあたり，拠ることが望ましい会計処理や注記等を示すものとして，中小企業庁，日本税理士会連合会，日本公認会計士協会，商工会議所の四団体が共同で作成した会計の指針です。中小企業会計指針は，会計処理の簡便化の観点から，科目によっては法人税法による計算を一応容認しています。

貸倒引当金，貸倒損失については，法人税法上の繰入限度額が明らかに取立不能見込額に満たない場合を除き，法人税法基準による計上を認めています(中小企業の会計に関する指針18)。

それでは，法人税法による繰入限度額が明らかに取立不能見込額に満たない場合とはどのような場合でしょうか。具体例を見てみましょう。

1　貸倒引当金

貸倒引当金の法人税法による繰入限度額が明らかに取立不能見込額に満たない場合とは，以下のようなケースです。

- 貸倒実績率が法定繰入率と大きく乖離し，貸倒実績率が明らかに大きいのに法定繰入率にて計上している場合
- 法人税法上の個別評価債権の定義と金融商品会計基準の貸倒懸念債権，破産更生債権等の定義の違いから，法人税法上は個別に貸倒見積額（回収不能額）が算定されず一括評価債権として扱われる場合　など

2　貸倒損失

貸倒損失の法人税法による計上額が明らかに取立不能見込額に満たない場合とは，以下のようなケースです。

- 債権について個人保証があり，時間をかければ取立てができることとされているため，法人税法上貸倒損失を計上できない場合
- 破産手続中で事実上債権の回収が見込めないが，証明資料の不足等により回収ができないことの明確な立証ができないため，法人税法上貸倒損失を計上できない場合
- 消滅時効期間が到来したため債権の回収が見込めないが，消滅時効期間到来というだけでは法人税法上貸倒損失を計上できない場合　など

上記ケースでは，回収が見込めないため会計上は貸倒損失を計上しますが，法人税法上の貸倒損失の要件を満たさないときは，法人税申告書において所得加算する，いわゆる有税処理を行うことになります（貸倒損失は認められなく

ても貸倒引当金の計上が認められる場合があります)。

第2章

貸倒損失

Q15　法律上の貸倒れ

得意先が民事再生手続の認可決定を受け，売掛金100のうち70を免除し残りの30を弁済する再生計画が認可決定されました。そこで免除部分の70について貸倒損失処理をしようと思っています。業績が厳しいのでP/Lに影響する損金経理方式でなくP/Lに影響しない申告調整方式にしたいと考えていますが，このような方式は税務上認められるでしょうか。また，その他留意すべき事項はありますか。

売掛金　100 ｛うち，弁済対象　30 ➡ 回収
　　　　　　　 うち，免除対象　70 ➡ 貸倒れ

A

SUMMARY　法的に金銭債権が消滅した場合には，損金経理しなくても申告調整による処理も認められます。

Reference　法基通9－6－1，法法22③

DETAIL

1　問 題 点

金銭債権の全額が回収不能になったときは，貸倒損失とすることが認められています。この場合，通常は帳簿上の金銭債権の消滅と貸倒損失の計上処理，いわゆる損金経理処理を行いますが，損金経理をしないで別表にて申告減算する申告調整処理が認められるか否かが論点になります。

2　法律上の貸倒れ

法律上の債権の切捨てを伴う下記事実が発生した場合には，下記の事実が発

生した事業年度において貸倒損失として損金算入します（法基通９－６－１）。

■ **事実**

(1) 更生計画認可の決定又は再生計画認可の決定があった場合において，これらの決定により切り捨てられることとなった部分の金額
(2) 特別清算に係る協定の認可の決定があった場合において，この決定により切り捨てられることとなった部分の金額
(3) 法令の規定による整理手続によらない関係者の協議決定で次に掲げるものにより切り捨てられることとなった部分の金額 イ 債権者集会の協議決定で合理的な基準により債務者の負債整理を定めているもの ロ 行政機関又は金融機関その他の第三者のあっせんによる当事者間の協議により締結された契約でその内容がイに準ずるもの
(4) 債務者の債務超過の状態が相当期間継続し，その金銭債権の弁済を受けることができないと認められる場合において，その債務者に対し書面により明らかにされた債務免除額

3 申告調整方式

法律上の債権の切捨て（債権消滅）が生じた場合は強制的な貸倒れなので，税務上は損金経理は強制されず，申告調整による方式も認められます。

ただし，貸借対照表に回収できない売掛金70が残置されるので，望ましい会計処理とはいえません。

4 法律上の貸倒れの留意事項

法律上の貸倒れの主な留意事項は，以下のとおりです。

① 法的な切捨てなので，全部切捨てだけでなく一部切捨ても認められます。例えば，民事再生手続の再生計画で20％を弁済し，残余80％の免除を受けるとした場合には，債務免除の80％部分について貸倒損失の計上が認められま

す。

② 破産手続は，法律上の貸倒れに該当しません。なぜなら，破産法には切捨て規定がないためです。破産の場合には，事実上の貸倒規定（法基通９－６－２）を利用することになります。

③ (3)イの「合理的な基準」は，全債権者平等条件（プロラタ弁済）が原則です。しかし，少額債権者優遇や高額債権者劣後でも，利害関係が相反する第三者間で協議決定された場合には，著しく不合理な場合を除き合理的基準に該当します。

④ (3)ロの「その他の第三者」は，行政機関又は金融機関以外でも，商社，主要取引先等でも認められます。

⑤ (4)の債権放棄が認められるためには債務超過の継続等が要件となります。もし，課税当局により否認された場合には，法人税基本通達11－２－２による貸倒引当金への切替救済の適用はありません。なぜなら，債権放棄によって債権が法的に消滅しているため，そもそも貸倒引当金の対象にならないためです。

⑥ (4)の債権放棄の債務超過相当期間継続は，期間は定められていません。形式的に期間を定められるものではありませんが，昭和42年改正前の法人税基本通達で示されていた３年～５年といわれることがあります。しかし，回収のための努力期間と考えるべきでしょうから，個別事情によって相違するものと考えられます（**Q19**参照）。

⑦ 債権放棄は，公証力まで求められてはいませんが，後日税務調査を受けた時の証明力を考えると，内容証明郵便等を利用するのが賢明でしょう。

⑧ (4)の債務超過の判断基準は時価ベースで行います。債務者の支払能力面を見るため，通常は清算価値評価によることになります。

5　法人税法上の貸倒損失の全体像

貸倒損失の根拠法は，法人税法の所得計算に関する通則を定めた法人税法22

条３項です。

すなわち，内国法人の各事業年度の所得の金額の計算上当該事業年度の損金の額に算入すべき金額は，別段の定めがあるものを除き，同項１号から３号に掲げる額とし，３号において当該事業年度の損失の額で資本等取引以外の取引に係るものとしています（法法22③三）。

しかし，法人税法においては評価損益の計上は企業再生等の例外の場合を除いては認められていません。したがって，貸倒損失はその有する債権の全部が取立不能になった場合に計上が認められ，金銭債権の評価損益につながる部分的な貸倒れは認められていません。

具体的には法人税基本通達において貸倒損失が規定され，法律上の貸倒れ，事実上の貸倒れ，形式上の貸倒れの３類型があります。

(1)　法律上の貸倒れ

法律上の債権の切捨てを伴う一定の事実（64頁参照）が発生した場合には，その事実が発生した事業年度において貸倒損失として損金算入します（法基通９－６－１）。

(2)　事実上の貸倒れ

金銭債権について，債務者の資産状況，支払能力等からみてその全額が回収できないことが明らかになった場合には，その明らかになった事業年度において貸倒れとして損金経理をすることができます（法基通９－６－２）。

(3)　形式上の貸倒れ

形式上の貸倒れには，２つの類型があります。

①　売掛債権について，債務者との取引を停止した時以後１年以上経過した場合

②　売掛債権と取立費用を比較して取立てに足が出る場合（法基通９－６－３）

Q16　事実上の貸倒れ

数年前に廃業した得意先の債務整理を担当している弁護士から書面による通知を受け，資産の換価業務が終了したが無担保債権者に対する弁済額はなしとのことです。当社は無担保債権しかないので，従来，貸倒引当金を債権額に対して100%計上していましたが，今般貸倒損失を計上し債権の直接償却を行いたいと考えています。貸倒損失計上に際し，留意すべき事項はありますか。

通　知　書

○○社　殿

X年X月X日

債務者　○△

代理人弁護士　○○

債務者○△につき債務整理をした結果，以下のとおり一般債権者に対する配当はゼロであることが確定したので通知します。

1．換価財産	100,000
2．債務整理費用	100,000
3．差し引き配当財産	0

A

SUMMARY　債権の全額の回収ができないことが，債務整理を担当している弁護士からの書面通知により明確になったのですから，事実上の貸倒れに該当します。明確になった事業年度において，貸倒れとして損金経理をすることが認められます。

Reference　法基通９－６－２

DETAIL

１　事実上の貸倒れ

金銭債権について，債務者の資産状況，支払能力等からみてその全額が回収できないことが明らかになった場合には，その明らかになった事業年度において貸倒れとして損金経理をすることができます（法基通９－６－２）。

2　事実上の貸倒れの留意事項

事実上の貸倒れの主な留意点は，以下のとおりです。

①　事実上の貸倒れは，できる規定なので適用の意思を明らかにするため，損金経理が必要と解されています。

②　評価損益の計上を認めないこととの整合を保つため，金銭債権の部分貸倒れは認められていません。法人税法が債権の評価損を認めないのは，債権は本来債権者の総財産を担保とし，個々の債権の回収可能額の測定は困難であるという理由に基づきます（井上久彌・平野嘉秋『法人税の計算と理論』税務研究会）。一方，平成21年度税制改正において，金銭債権が評価損の対象範囲に含まれることになったので，この改正は金銭債権の部分貸倒れを認める趣旨を含んでいるように読めますが，立法当局の説明ではそのような趣旨を含むものでなく，会社更生手続等における金銭債権の評価減と法人税法の規定を符合させることを目的としているとのことです。しかし，改正によって解釈論としての部分貸倒論に対する大きな障害が除かれたことは確かであるとの見解があります（金子宏『租税法　第22版』弘文堂）。

③　担保物があるときは，その担保物を処分した後でなければ貸倒れとして損金経理をすることは認められません（法基通９－６－２）。

④　保証債務は，現実にこれを履行した後でなければ金銭債権にならないので，貸倒れの対象にすることはできません（法基通９－６－２注）。

⑤　事実上の貸倒れの場合には，担保は物的担保だけでなく，個人保証等の人的担保も考慮します。

Q17　形式上の貸倒れ

得意先の売掛金が滞って1年経過しました。その間に請求の催促もしましたが，得意先の経営状況は厳しいようで，まったく入金がありません。このような場合には形式上の貸倒れが認められるそうですが，その内容はどのようになっていますか。

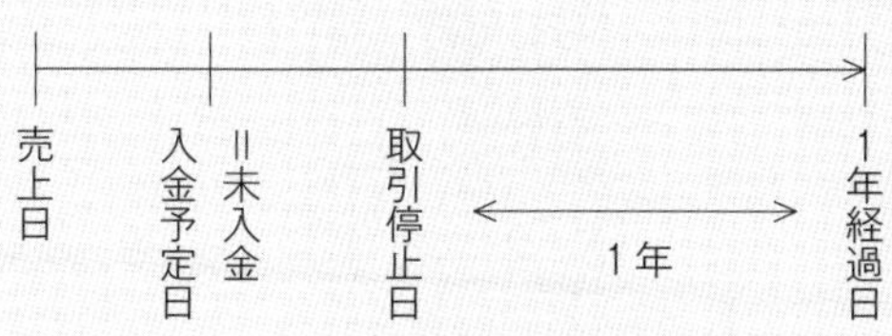

A

SUMMARY　債務者との取引を停止した時（債務者との取引を停止した時，最後の弁済期，最後の弁済の時の最も遅い日）以後1年以上経過した場合や，少額債権で回収するのに取立費用がかかり足が出るような場合には，売掛債権に限り貸倒特例が認められています。貴社の場合には売掛金が滞ってから1年経過したということですから，形式上の貸倒れに該当します。したがって，売掛債権額から備忘価額を控除した残額を貸倒れとして損金経理することが認められます。

(Reference)　法基通9－6－3

DETAIL

1　形式上の貸倒れ

形式上の貸倒れには，2つの類型があります（法基通9－6－3）。

(1)　売掛債権の特例

売掛債権について，債務者との取引を停止した時以後1年以上経過した場合。

(2) 少額債権の特例

売掛債権と取立費用を比較して取立てに足が出る場合。

●法人税基本通達9－6－3　一定期間取引停止後弁済がない場合等の貸倒れ

> 債務者について次に掲げる事実が発生した場合には，その債務者に対して有する売掛債権（売掛金，未収請負金その他これらに準ずる債権をいい，貸付金その他これに準ずる債権を含まない。以下9－6－3において同じ。）について法人が当該売掛債権の額から備忘価額を控除した残額を貸倒れとして損金経理をしたときは，これを認める。
>
> (1) 債務者との取引を停止した時（最後の弁済期又は最後の弁済の時が当該停止をした時以後である場合には，これらのうち最も遅い時）以後1年以上経過した場合（当該売掛債権について担保物のある場合を除く。）
>
> (2) 法人が同一地域の債務者について有する当該売掛債権の総額がその取立てのために要する旅費その他の費用に満たない場合において，当該債務者に対し支払を督促したにもかかわらず弁済がないとき
>
> （注）(1)の取引の停止は，継続的な取引を行っていた債務者につきその資産状況，支払能力等が悪化したためその後の取引を停止するに至った場合をいうのであるから，例えば不動産取引のようにたまたま取引を行った債務者に対して有する当該取引に係る売掛債権については，この取扱いの適用はない。

2　形式上の貸倒れの留意事項

(1) 売掛債権の特例の留意事項

① 下記のいずれか遅い日から1年経過した日が起算日になります。

- 債務者との取引を停止した時
- 最後の弁済期
- 最後の弁済の時

② 弁済期は契約上の期日をいい，弁済の時は実際の弁済した日をいいます。

③ 売掛債権について担保物がある場合には対象になりません。

④　取引停止は，継続取引先について，資産状況，支払能力等の悪化を原因とするものを想定しています。

⑤　一般消費者向けの通信販売（ECサイトやテレビ通販等）での取引が回収困難となった場合，継続的な取引を期待して，顧客情報を取引先台帳等で管理していれば，仮に，１回限りの取引であったとしても，継続的な取引に該当することとされています，詳細は**Q27**を参照してください。

（２）　少額債権の特例の留意事項

①　同一地域の全部の債務者に対する売掛債権残高の総額と取立費用を比較します。

②　債務者の財政状態についての考慮は必要とされていません。

（３）　共通の留意事項

①　売掛金，未収請負金等の取引が反復継続される売掛債権が対象になるので，不動産取引のような単発取引は対象になりませんし，貸付金等も対象になりません。

②　売掛債権と貸付債権が両方あるときは，売掛債権だけについて適用できると解されます。

③　いずれの規定も，売掛債権の額から備忘価額を控除した残額について，貸倒損失として損金経理を要します。

④　備忘価格とは，通常は最低貨幣単位１円をいいます。

⑤　形式上の貸倒れ（法基通９－６－３）は，事実上の貸倒れ（法基通９－６－２）の特例的な位置づけなので，適用するかしないかは法人の任意です。適用しない場合には，法律上の貸倒れ（法基通９－６－１）か，事実上の貸倒れ（法基通９－６－２）のいずれか早い事実が生じたときに貸倒損失を計上します。

Q18 貸倒損失における債務超過の意味

得意先の売掛金について，回収努力を続けてきましたが，これ以上の回収は不可能と判断し，債権放棄による貸倒損失の計上を考えています。

得意先から貸借対照表を入手したところ，帳簿価額上は資産超過でした。ところが，資産のうちには大きな含み損を抱える土地があって時価ベースの貸借対照表は債務超過です。

書面によって債権放棄を行い，貸倒損失を計上する場合には，債務超過の状態が相当期間継続していることが要件の１つとされています。ここでいう債務超過とは，帳簿価額ベースなのか，時価ベースなのか，どちらを意味するのでしょうか。

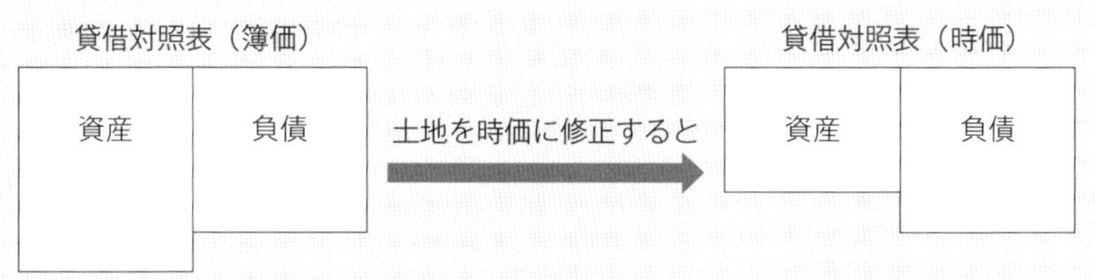

A

SUMMARY　その事業年度末日において，時価ベースで債務超過であることが必要です。

Reference　法基通９－６－１⑷

DETAIL

1　問題点

書面によって債権放棄を行って貸倒損失処理をする場合，債務超過の状態が相当期間継続していることが必要です。この債務超過の状態については，帳簿価額ベースなのか，時価ベースなのか，どちらを意味するのかが問題になります。

2　債権放棄による貸倒損失

債務者の債務超過の状態が相当期間継続し，その金銭債権の弁済を受けることができないと認められる場合に，その債務者に対し書面により明らかにされた債務免除額については，貸倒損失とすることが認められています（法基通9－6－1⑷)。

3　債務超過の意味

債務超過の状態については，帳簿価額ベースでの債務超過，又は，時価ベースでの債務超過が考えられます。

本通達の背景にあるのは，債務の支払いができる状況にあるかどうか，つまり，債務者の支払能力を測定することです。この場面では帳簿価額はあまり意味を持ちません。なぜなら，帳簿価額は取得価額を基礎としているため，帳簿価額と時価に開きがある場合には現時点の支払能力を意味しないためです。

すべての資産をその事業年度末日における時価に修正し，資産の時価総額をもって債務の時価総額を支払うことができるかどうかを測定し，債務の方が大きい状態，つまり時価ベースで債務超過の状態にあることが，貸倒損失を計上できる要件となります。

4　債務超過がわずかな場合

時価ベースで債務超過であることが貸倒損失の要件となりますが，それでは債務超過の幅についてはどう考えるのでしょうか。大幅である必要があるのでしょうか，小幅でも認められるのでしょうか。

〈大幅な債務超過〉
時価B/S

資産	負債

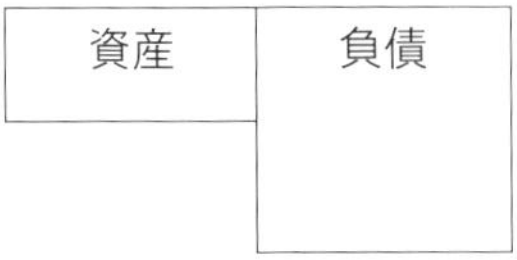

〈小幅な債務超過〉
時価B/S

資産	負債

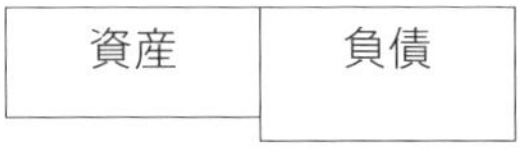

貸倒損失は，金銭債権全額の回収不能が要件とされ，部分貸倒れは，認められていません。

この点，部分的な回収不能を容認する貸倒引当金と相違します。したがって，小幅の債務超過は除かれるものと思われます。以下の国税不服審判所の裁決が参考になります。

裁決例

（平成10年２月19日裁決，関裁（法）平９-62）

請求人は，Ａ社は事実上破産状態にあり，Ａ社に対する貸付金の放棄時においても本件貸付金の回収は不可能であったことから，本件債権放棄額は貸倒損失とすべき旨主張する。しかしながら，貸金等が回収不能であるとして貸倒損失が認められるためには，その債務者の資産状況等からみてその全額が回収できないことが明らかになったことが必要であるところ，Ａ社は債務超過の状態が相当期間継続している状況は認められるものの，債務超過の額は資産の額に比較して少額であり，その貸付金の弁済を受けることができないとは認められないことから，請求人の主張は採用できない。

参考

個別評価の実質基準にて貸倒引当金を計上する場合においても，債務超過の状態が相当期間継続することが求められています（法令96①二）。

貸倒引当金の場合の債務超過の状態についても，同様に時価ベースで測定するものと考えますが，詳細は**Q7**を参照してください。

Q19　貸倒損失における相当期間の意味

書面によって債権放棄を行い，貸倒損失を計上する場合には，債務超過の状態が相当期間継続していることが要件の1つとされています。ここでいう相当期間とは，どのくらいの期間を指すのでしょうか。

A

SUMMARY　相当期間の考え方としては，債権回収のためのあらゆる努力をし，回収が困難と判断する上での期間を意味するものと考えます。したがって，ここでいう相当期間は形式的な年数を意味するものでなく，回収に要する個別事情によって異なることになります。

Reference　法基通9－6－1(4)

DETAIL

1　問 題 点

書面によって債権放棄を行って貸倒損失を計上する場合，債務超過の状態が相当期間継続していることが求められます。この相当期間について，どの程度の期間を指すのかが問題になります。

また，貸倒引当金にも同様の規定がありますが，貸倒引当金の場合の相当期間は通達においておおむね1年以上とされていることから，貸倒損失の場合も同様に考えてよいのかどうかが問題となります。

2　債権放棄による貸倒損失

債務者の債務超過の状態が相当期間継続し，その金銭債権の弁済を受けることができないと認められる場合に，その債務者に対し書面により明らかにされた債務免除額については，貸倒損失とすることが認められています（法基通

9－6－1(4))。

3　相当期間とは

債務超過の状態とは，破産原因が存在する深刻な状況ですので，債権者は通常債権回収のためにあらゆる努力をすることになります。債務超過だから1円も債権回収できないわけでなく，見合いの資産があるわけでしょうから一定の回収ができる場合が通常です。つまり，債務者が一時的に債務超過状態にあるだけでは貸倒損失の要件とは認められず，相当期間の継続が要件に加重されているところです。

したがって，この相当期間の考え方としては，債権回収のためのあらゆる努力を行い，回収が困難と判断することも含めた期間を意味するものと考えます。

回収努力の期間とこれ以上の回収が困難と判断する期間は，個別事情によって異なり，それぞれの個別ケースに応じて相当期間を考えることになります。なお，相当期間について，3～5年とする解説書もあります。

回収のための努力の仕方は，債務者の状況や債権の保全の状況等によって異なりますが，一般例を示せば以下のようになります。

■一般的な回収の方法

- 時効にかからないように，書面により債権の督促を行う。
- 債務者とコンタクトをとって催促し回収交渉する。
- 債務者の財務状況，収入状況等を正確に把握する。
- 分割払い契約等による回収方法を検討する。
- 債務者又は保証人から，追加担保や追加保証を得る。
- 商品の引き上げを行う。
- 担保物や人的保証がある場合，処分等により回収する。
- 法的手続の利用を検討する。
- コストベネフィットを勘案しつつ，取立てを弁護士等に委任する。

参考

個別評価の実質基準にて貸倒引当金を計上する場合においても，債務超過の状態が相当期間継続することが求められています（法令96①二）。貸倒引当金の場合には，この相当期間についておおむね１年以上とされています（法基通11-２-６）。貸倒損失と比べると緩和されていますが，その理由としては，貸倒引当金の性格が債権の評価を行うことにあり，毎期洗替えで見直しを行うためと考えられます。詳細は**Q8**を参照してください。

Q20 形式的な担保物がある場合の貸倒損失

得意先が事実上倒産しました。

当社は得意先に200の貸付金を有し，得意先が有する不動産（時価800）に対して第２順位の抵当権を設定しています。

ただし，第１順位（先順位）には金融機関が設定した抵当権が1,000あり，金融機関は同額の債権を有しています。

担保物の処分にはまだ時間がかかるようですが，先順位の金融機関が設定した抵当権設定額及び債権額が大きく，当社の担保価値はほぼない状況です。

このような場合には貸倒損失として処理できますか。

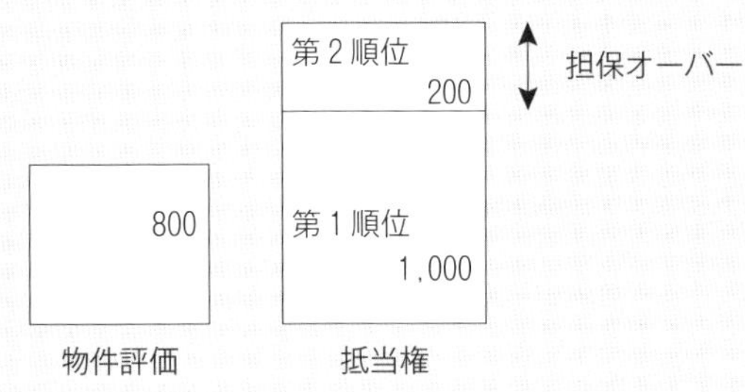

A

SUMMARY 担保物がある場合には，担保物を処分した後でなければ貸倒損失として処理できないのが原則です。しかし，担保物の時価評価額を明らかに上回る抵当権の設定額があり，抵当権によって保護された他の先順位の負債があるとすれば，債権の回収は事実上不可能と思われます。したがって，担保物が形式的にあったとしても実質的に回収できない場合には貸倒損失の計上が認められるものと考えます。あるいは，担保物が処分できるまでの間は，貸倒引当金で処理することも可能です。

(Reference) 法基通９－６－２

DETAIL

1　問 題 点

法人税基本通達9－6－2において，担保物がある場合には，担保物を処分した後でないと貸倒損失処理できないと規定していますが，担保物があったとしても先順位の担保設定額が大きく実質的に担保としての価値がないような場合において，当該通達の適用があるかどうかが問題になります。

2　担保物と貸倒損失の関係

法人の有する金銭債権につき，その債務者の資産状況，支払能力等からみてその全額が回収できないことが明らかになった場合には，その明らかになった事業年度において貸倒れとして損金経理をすることができます。この場合において，その金銭債権について担保物があるときは，その担保物を処分した後でなければ貸倒れとして損金経理をすることはできないものとされています（法基通9－6－2）。

3　貸倒損失を認めない理由

担保物を処分しない限り貸倒損失を認めないとする通達規定には，次の2つの理由があるようです（『法人税決算と申告の実務』大蔵財務協会)。

①　担保物の処分価額を客観的に確定することは困難であること。
②　担保物の処分を待たずにその見込額を金銭債権の額から控除して貸倒れを計上できることとすると，金銭債権の一部の貸倒れ，すなわち債権の評価損の計上を認めることと同じ結果になること。

貸倒引当金と貸倒損失の大きな違いは，暫定か確定かにあります。

貸倒引当金は暫定であり，毎期洗替えすることを予定しているので，評価に齟齬があっても修正される機会があります。しかし，貸倒損失は確定なので，評価の齟齬は修正されません。貸倒損失は，現金又は現金等価物として回収した差額を損失として認識することを予定しているものです。

したがって，担保物がある以上は，債権者としては通常は担保としての回収を見込んでいることが多いわけでしょうから，担保権を行使した上で貸倒損失を確定させる必要があると考えているわけです。

4　担保が形式にすぎない場合の裁決事例

しかし，問題点で示したように，担保として取得している資産が他の債権者によって先順位で担保設定されていて，どううまくいっても，弁済にまわってこないような場合についてまで通達を厳格に適用すべきでしょうか。

たとえ担保を処分しても債権回収ができないことが明確であれば，形式的な担保よりも，その実質に着目して貸倒損失処理することが認められるものと考えます。

所得税の裁決事例ですが，担保オーバーの場合に貸倒損失を認めた以下の事例があります。

裁決例

(平成15年11月17日裁決，名裁(所・諸)平15-27)

原処分庁は，請求人が貸金業に係る事業所得の金額の計算上必要経費に算入した不渡手形に係る貸倒金について，貸付先は平成12年中に倒産しているが，平成12年12月31日現在で土地を所有しており，貸付金の全部を回収する見込みがないことが確定したとは認められないから貸倒金には該当せず，不渡手形の金額を必要経費に算入することはできない旨主張する。しかしながら，①当該貸付先は，平成12年中に２回目の不渡手形を出し，事実上倒産していることが認められること，②当該貸付先の代表者は事実上の倒産と同時に妻とともに失踪したこと，及び③貸付先が所有している土地は，根抵当権が設定されているほか，貸付先には当該土地の時価を上回る負債が認められることからすれば，

> 不渡手形の金額を貸付先から回収することは事実上不可能であるものと認められる。
>
> したがって，不渡手形の金額を貸倒金として事業所得の金額の計算上必要経費に算入するのが相当である。

また，国税庁質疑応答事例にも，同様の事例があります。

●国税庁質疑応答事例

> 【照会要旨】
>
> Ａ社は，取引先であるＢ社に対して１千万円の貸付金を有しており，Ｂ社所有の土地に抵当権を設定しています。
>
> この度Ｂ社が倒産したため，貸付金の回収可能性を検討したところ，Ｂ社には抵当権の対象となっている土地以外には資産が見当たらない上，Ａ社の抵当権順位は第５順位となっており，Ｂ社所有の土地が処分されたとしてもその資産価値が低く，Ａ社に対する配当の見込みが全くないことが判明しました。Ｂ社所有の土地の処分によってＡ社に配当される金額がない場合，Ｂ社の資産状況，支払能力等からみて，Ａ社が貸付金の全額を回収できないことは明らかです。
>
> そこで，Ａ社は，Ｂ社所有の土地の処分を待たずに，当期においてこの貸付金について貸倒れとして損金経理しようと考えていますが，税務上もこの処理は認められますか。
>
> 【回答要旨】
>
> 当該貸付金については，貸倒れとして損金の額に算入されます。
>
> (理由)
>
> 1　法人の有する金銭債権につき，その債務者の資産状況，支払能力等からみてその全額が回収できないことが明らかになった場合には，その明らかになった事業年度において貸倒れとして損金経理をすることができることとされています（法人税基本通達９－６－２）。
>
> この場合において，その金銭債権について担保物があるときは，その担保物の処分後の状況によって回収不能かどうかを判断すべきですから，その担保物を処分し，その処分によって受け入れた金額を控除した残額について，その全額が回収できないかどうかを判定することになります。
>
> 2　したがって，原則としては，担保物が劣後抵当権であっても，その担保物

を処分した後でなければ貸倒処理を行うことはできません。

ただし，担保物の適正な評価額からみて，その劣後抵当権が名目的なものであり，実質的に全く担保されていないことが明らかである場合には，担保物はないものと取り扱って差し支えありません。

お尋ねの場合，A社にとって実質的に全く担保されていないことが判明し，B社の資産状況，支払能力等からみて貸付金の全額が回収不能と判断されるとのことですから，担保物を処分する前であっても貸倒れとして処理することができます。

(注) お尋ねの場合と異なり，担保物の処分によって回収可能な金額がないとは言えない場合には，その担保物を処分した後でなければ貸倒処理することはできません（法人税基本通達９－６－２）。

なお，担保物の処分による回収可能額がないとは言えないケースであっても，回収可能性のある金額が少額に過ぎず，その担保物の処分に多額の費用が掛かることが見込まれ，既に債務者の債務超過の状態が相当期間継続している場合に，債務者に対して書面により債務免除を行ったときには，その債務免除を行った事業年度において貸倒れとして損金の額に算入されます（法人税基本通達９－６－１⑷）。

5　担保設定額と債権額が相違する場合

担保設定額と債権額が同じ場合には問題は生じませんが，根抵当権のように担保枠をとっていて，実際の債権額が担保設定額と相違する例は実務では多々あります。その差が少ないときは問題になりませんが，大きいときには問題になることがあります。

このような場合，実質的に債権が回収できるかどうかは，担保設定額で判定するのではなく，担保によって保全された債権で判定するものと考えます。

例えば，下図のように，先順位の担保設定額が1,000あっても，その債権が900しかない場合（担保設定額と債権額が相違している場合），物件処分によって第２順位の担保権者に100の弁済が行われます。したがって，第２順位の債権者にとって回収不能額は100（200－100）となりますが，これは担保が実質効果を発揮している場面にあたりますから法人税基本通達９－６－２の担保物がある場合に該当し，担保物を処分するまで貸倒処理は認められないことになります。ただし，実際の債権額について第三者が知ることができない場合には，形式的な担保設定額で判断することも認められるものと考えます。

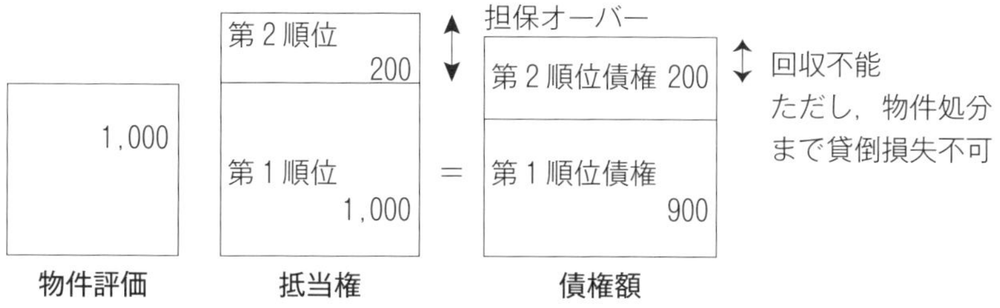

6　貸倒引当金による対応

担保物があり，法人税基本通達9-6-2によって貸倒損失を計上することができない場合には，担保物を適正に評価して貸倒引当金を計上します。所得に対する影響は，貸倒損失でも貸倒引当金でも同じなので貸倒引当金でも所得を圧縮する効果は得られます。

しかし，消費税の取扱いが相違します。つまり売掛債権の場合，貸倒損失は貸倒部分の消費税を控除できますが，貸倒引当金は控除できないという違いがあります。

Q21 保証人からの回収が困難な場合の貸倒損失

得意先Ａ社との取引を開始する際，Ａ社代表取締役の父Ｂさんの個人保証を得ていました。

Ａ社の事業が破綻し，現在，弁護士が入って清算処理を行っています。弁護士の説明によれば，滞納税金や未払給与等の優先債権の支払が精いっぱいで一般債権者に対する支払は無理との観測が示されています。

当社は，弁護士による債務整理の進捗状況を見た上で貸倒処理を予定していますが，保証人Ｂさんの取扱いをどうしたらよいか苦慮しております。その理由はＢさんが高齢で無職，資産なしだからです。

保証人であるＢさんからの回収を検討するにあたり，貸倒損失の規定上どのように考えたらよいでしょうか。

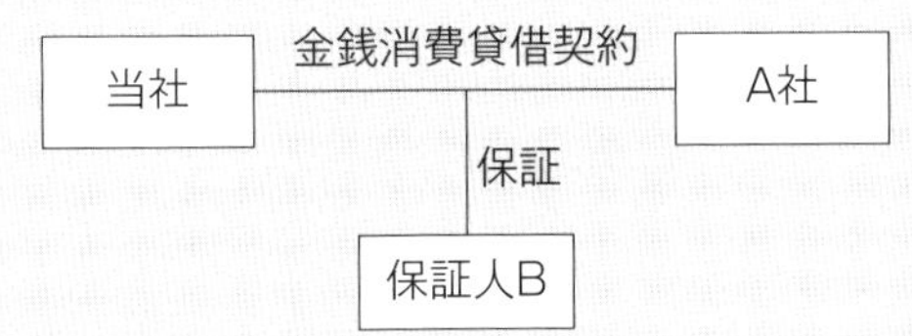

A

SUMMARY 保証人は人的担保といわれるように物的担保と同じ取扱いになります。保証人がいてまだ回収処理中である場合には，原則として貸倒損失とすることは時期尚早であり，貸倒引当金を計上することになります。ただし，保証人からの回収に際しては，国税庁質疑応答事例が参考になるものと考えます。

DETAIL

1 問題点

法人税基本通達９－６－２において，担保物がある場合には，担保物を処分した後でないと貸倒損失処理できないと規定しています。保証人がいて保証人からの回収処理中の場合，あるいは，回収が滞っている場合，当該通達の適用をどのように考えたらよいかが問題になります。

2　保証人の取扱い

担保物とは，物的担保及び人的担保の総称です。

したがって，人的担保についても回収処理が途中の場合には本通達の適用を受けるため，貸倒損失を計上することは時期尚早です。この場合には，貸倒引当金で対応することになります。

3　国税庁質疑応答事例

貸倒損失は，貸倒引当金と異なり最終的に回収不能額を確定し，回収不能額部分を確定損失として処理する場面です。したがって，回収額は測定することでなく確定させる必要があります。この考え方は，債権の評価につながる部分貸倒れを認めない趣旨から導かれるものですが，これを受けて法人税基本通達9－6－2は担保物がある場合には処分（終了）するまでは貸倒処理を認めないと規定しています。

ただし，保証人からの回収行為を終えるまで貸倒損失を認めないとすることと保証人からいくら回収ができるか確定することは別問題です。

国税庁質疑応答事例では，保証人に生活保護と同程度の収入しかなく資産からも回収できないと見込まれる場合には貸倒処理を認めています。本質疑応答事例は，貸倒引当金に関する法人税基本通達11－2－7(4)に示された例と同じなので，同通達に示される別の例，すなわち(1)～(3)，及び(5)の例と同じ状況であれば，同様に貸倒処理が認められるものと考えます。

本事例のような保証人から回収可能額を考慮しない，これ以上はあきらめると会社が判断したとしても，その判断は不合理といえるものでなく，結果として貸倒損失は認められるものと考えます。

●国税庁質疑応答事例

【照会要旨】

A社は，得意先B（個人事業者）に対する売掛債権の回収を図るため，Bと分割返済の契約を締結し，その際，Bの実兄Cを保証人としました。

その後，この売掛債権は返済されることなく，Bが自己破産してその資産状況，支払能力等からみてその全額が回収不能となったことから，保証人Cからの回収可能性を検討したところ，Cは生活保護と同程度の収入しかない上，その有する資産も生活に欠くことができない程度，すなわち差押禁止財産（破産法34，民事執行法131）程度しか存しないため，保証人Cからの回収も見込めないことが判明しました。

そこで，A社は，Cに対して保証債務の履行を求めることなく，当期においてこの売掛債権について貸倒れとして損金経理しようと考えていますが，税務上，この処理は認められますか。

【回答要旨】

当該売掛債権については，貸倒れとして損金の額に算入されます。

（理由）

1　法人の有する金銭債権につき，その債務者の資産状況，支払能力等からみてその全額が回収できないことが明らかになった場合には，その明らかになった事業年度において貸倒れとして損金経理をすることができることとされています（法人税基本通達9－6－2）。

この場合において，保証人があるときには，保証人からも回収できないときに貸倒処理ができます。

2　お尋ねの場合，保証人Cは生活保護と同程度の収入しかない上，その資産からも回収することができないと見込まれるとのことですので，実質的に保証人からは回収できないものと考えられます。

したがって，A社は，Cに対して保証債務の履行を求めていない場合であっても，Cからの回収がないものとして取り扱って，貸倒れとして損金の額に算入することができます。

Q22 債務者が行方不明の場合の貸倒損失

小売店を営む取引先の社長が業績不振を理由として店舗を閉鎖し，行方をくらませました。

当社は，数ヵ月分の売掛金を有していますが，先月までは約定どおり入金されていたので驚いています。

行方不明後に取引先の社員から聞いたところでは，どうも1年くらい前から資金繰りは火の車だったようで，めぼしい資産はすべて金融機関の担保に供されていて，一般債権者に対する債務の弁済は困難なようです。実際，社員に対しても給料の未払があるようです。

このような状況下では，とても当社の債権の回収などできそうもないので，当社としては貸倒処理を考えていますが，何か問題があるでしょうか。

A

SUMMARY 債権回収は大変厳しいように受け取れますが，社長が失踪し財務は苦しいという抽象的な説明だけでは貸倒れは認められません。取引先から厳しい財務状況を示す書類を入手するとともに最大限の債権回収努力をした上で，回収できないことが明確になった部分について初めて貸倒処理が認められます。

Reference　法基通9－6－1～3

DETAIL

1　問 題 点

貸倒損失に関しては，法人税基本通達9－6－1（法律上の貸倒れ），法人税基本通達9－6－2（事実上の貸倒れ），法人税基本通達9－6－3（形式上の貸倒れ）に規定されています。しかし，行方不明や夜逃げ等は直接の規定がないため，どのように通達を当てはめるのかが問題となります。

2 検　　討

本件の場合，一応，法人税基本通達９－６－１から法人税基本通達９－６－３のすべての規定に該当する可能性があります。

以下，それぞれの規定との関係について検討します。

(1) 法律上の貸倒れ

まずは，法人税基本通達９－６－１（法律上の貸倒れ）の検討です。

法人税基本通達９－６－１では，法的手続等による債権の切捨てがあった場合のほか，書面による債権放棄をした場合において，その債権放棄額を貸倒損失として認めています。ただし，前段で「債務超過の状態が相当期間経過し……」と記しているように一過性の財務状態の悪化の場合には回復余地が残されているため貸倒損失処理は認められません。この規定を利用する場合には，債権放棄をすることに加えて，債務超過状態が相当期間継続していること，債権の回収ができないことについての立証が必要です。

なお，債務超過かどうかは，時価ベースで判定します。相当期間は３～５年とする解説書もあるようですが，これは回収のためのあらゆる努力をする期間を意味するものであり，個別事情によって異なります。

●法人税基本通達９－６－１⑷

> 債務者の債務超過の状態が相当期間継続し，その金銭債権の弁済を受けることができないと認められる場合において，その債務者に対し書面により明らかにされた債務免除額

(2) 形式上の貸倒れ

次に，法人税基本通達９－６－３（形式上の貸倒れ）の検討です。

法人税基本通達９－６－３⑴は，売掛債権の特例等を定めた規定ですが，取引停止から１年経過を要件としています。本件の場合は行方不明となる直前まで

通常の取引をしており，前月までは代金の入金もあったということですから，適用は認められないことになります。

●法人税基本通達９－６－３⑴

> 債務者との取引を停止した時（最後の弁済期又は最後の弁済の時が当該停止をした時以後である場合には，これらのうち最も遅い時）以後１年以上経過した場合（当該売掛債権について担保物のある場合を除く。）
> （注）⑴の取引の停止は，継続的な取引を行っていた債務者につきその資産状況，支払能力等が悪化したためその後の取引を停止するに至った場合をいうのであるから，例えば不動産取引のようにたまたま取引を行った債務者に対して有する当該取引に係る売掛債権については，この取扱いの適用はない。

（３）　事実上の貸倒れ

最後に，法人税基本通達９－６－２（事実上の貸倒れ）を検討します。

本件のような行方不明や夜逃げのケースでは，本規定の適否がメインとなります。

事実上の貸倒れと呼ばれるとおり，認められるための要件としては，債務者の資産状況や支払能力等からみてその全額が回収できないことが明らかなことの証明，及び，該当する場合には損金経理することです。

一般的には資産状況や支払能力（財務状況）は時価バランスシート，資金繰り表等によって証明します。会社の財務状況を一番理解している社長の夜逃げによって証明は難しさを増していると思われますが，行方不明や夜逃げというだけでは貸倒要件を満たしませんので，会社の経理担当，あるいは債務整理を担当する弁護士等から上記書類の開示を受けて，債権の全額が回収できないことを証明（疎明）する必要があります。

●法人税基本通達９－６－２

法人の有する金銭債権につき，その債務者の資産状況，支払能力等からみてその全額が回収できないことが明らかになった場合には，その明らかになった事業年度において貸倒れとして損金経理をすることができる。この場合において，当該金銭債権について担保物があるときは，その担保物を処分した後でなければ貸倒れとして損金経理をすることはできないものとする。

Q23　事実上の貸倒れについての損金経理の方法

得意先に対する貸付金1,500について，前期において回収が危ぶまれたので担保評価額500を超える部分1,000について，破産更生債権等に勘定科目を振り替えるとともに貸倒引当金1,000を計上しました。当期になって担保物が処分でき，残余の債権1,000の回収ができないことが判明したので，貸倒損失として処理をする予定です。この場合の経理処理としては貸倒引当金を取り崩す方法で認められますか。

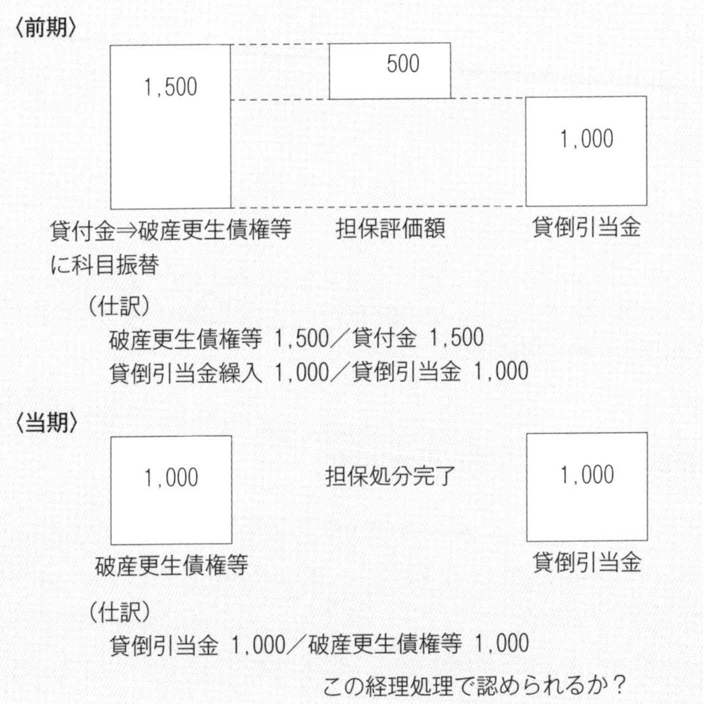

A ……………………………………………………………

SUMMARY 事実上の貸倒れを利用する場合，損金経理が要件となります。したがって，貸倒引当金を取り崩す経理処理だけでは認められず，損金経理によって貸倒損失を計上する必要があります。

(Reference) 法基通９－６－２

DETAIL

1 問題点

法人税基本通達９－６－２に規定する貸倒損失の事実上の貸倒れは，租税法律主義に反するともいわれますが，損金経理が要件とされます。法人税基本通達９－６－１の法的貸倒れの場合と違って債権が法的に切り捨てられないので，回収不能かどうかについて，まずは納税者の意思を求めるためといわれています。

そこで，すでに貸倒引当金を計上している場合に，損金経理を満たすためどのように経理処理したらよいかが問題になります。

● 法人税基本通達９－６－２

> 法人の有する金銭債権につき，その債務者の資産状況，支払能力等からみてその全額が回収できないことが明らかになった場合には，その明らかになった事業年度において貸倒れとして損金経理をすることができる。

2 貸倒れの一般的な流れと経理処理

貸倒れは，貸倒れの入口にあたる支払の停止や法的整理手続の申立てから，出口にあたる債権者調整や放棄によって貸倒金額が確定するまで相当の時間を要するのが一般的です。

税務対応としては，一般的には，入口の段階では暫定的に貸倒引当金を計上し，出口時点で確定損失として貸倒損失を計上します。

この最終場面においては，下記のとおり２つの経理処理の方法が考えられます。

・A法

前期に計上した貸倒引当金1,000を取り崩して債権1,000を償却する経理処理です。

A法は，貸倒れに備えるために計上した引当金で債権を償却するため会計目的と整合しますが，損金経理したことにならないため法人税基本通達9－6－2の適用は認められません。

・B法

前期に計上した貸倒引当金1,000をいったん戻し入れた上で，貸倒損失1,000を計上する方法で，法人税基本通達9－6－2に合致する方法です。

B法において，貸倒引当金戻入益1,000と貸倒損失1,000を両建てする経理処理は会計的になじまないため相殺処理することも考えられますが，仮に相殺したとしても損金経理をしていることから，注記においてその旨を明らかにしておけば税務上も容認されるものと思われます。

なお，損金経理は，法人税法2条25号によれば，「法人がその確定した決算において費用又は損失として経理すること」と規定されています。

〈入口（法的手続申立て）〉…前期

↓　貸倒引当金繰入＊＊／貸倒引当金＊＊

〈出口（法的手続切捨て）〉…当期

A法　貸倒引当金＊＊／貸付金＊＊

B法　貸倒引当金＊＊／貸倒引当金戻入益＊＊

貸倒損失＊＊／貸付金＊＊

（注）貸倒引当金戻入益と貸倒損失は相殺し，注記処理も可能です。

Q24 過年度に生じた貸倒損失

当社は再生会社に対する再生債権（無担保債権）を有していましたが，債権管理担当者の退職によって前事業年度に貸倒損失すべき処理を失念していたことがわかりました。今事業年度において貸倒損失処理をした場合に当該処理は認められますか。

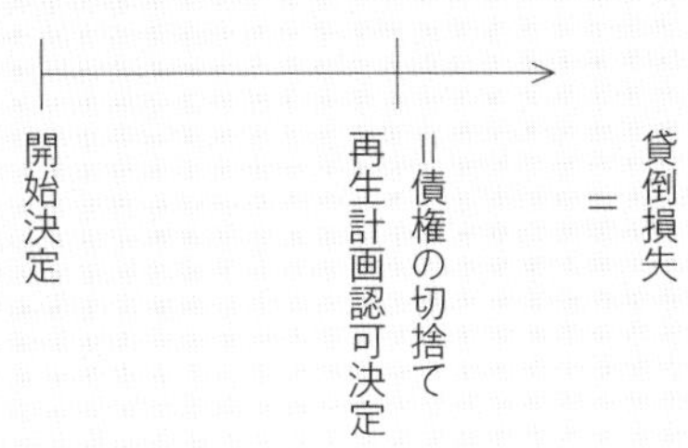

A

SUMMARY　再生計画によって債権の法的な切捨て等が行われた場合には，その事実の発生した日の属する事業年度において貸倒れとして損金の額に算入することとされています（法基通９－６－１）。失念の理由がどうであれ，その後の事業年度において貸倒損失処理が容認されるものではありませんので，更正の請求によって当該事実が発生した事業年度の税金救済を図ることになります。

Reference　法基通９－６－１～３

DETAIL

1　問 題 点

債権管理は精神的にも肉体的にも非常に難しい業務で，正常債権からはずれた債権の管理となるとそれは一層大変です。債権管理のプロでもない限り，管理の懈怠や失念は起こりうるものと考えられます。

そこで，債権の届出や回収手続あるいは税務処理の懈怠や失念に後日気付いた場合にどうなるかが問題となります。

処理の修正については，貸倒れのパターンごとに相違するので，パターンごとにみていきます。

2　法人税基本通達9－6－1（法律上の貸倒れ）の場合

法人の有する金銭債権について法的な切捨て等が行われた場合には，その事実の発生した日の属する事業年度において貸倒れとして損金の額に算入することとされています。本規定は，法律上の債権が消滅したときにおいて税務上も貸倒損失処理を認めるものであり，その後の事業年度において貸倒処理を容認するものではありません。

また，本規定は，損金経理を必要とする法人税基本通達9－6－2（事実上の貸倒れ）や法人税基本通達9－6－3（形式上の貸倒れ）と異なり，強制規定なので，もし，気付いたのが翌事業年度以降であれば，更正の請求によって，その事実の発生した日の属する事業年度の貸倒れとして認められる余地があります。

●法人税基本通達9－6－1

法人の有する金銭債権について次に掲げる事実が発生した場合には，その金銭債権の額のうち次に掲げる金額は，その事実の発生した日の属する事業年度において貸倒れとして損金の額に算入する。

⑴　更生計画認可の決定又は再生計画認可の決定があった場合において，これらの決定により切り捨てられることとなった部分の金額

⑵　特別清算に係る協定の認可の決定があった場合において，この決定により切り捨てられることとなった部分の金額

⑶　法令の規定による整理手続によらない関係者の協議決定で次に掲げるものにより切り捨てられることとなった部分の金額

イ　債権者集会の協議決定で合理的な基準により債務者の負債整理を定めているもの

ロ　行政機関又は金融機関その他の第三者のあっせんによる当事者間の協議により締結された契約でその内容がイに準ずるもの

(4)　債務者の債務超過の状態が相当期間継続し，その金銭債権の弁済を受けることができないと認められる場合において，その債務者に対し書面により明らかにされた債務免除額

3　法人税基本通達9－6－2（事実上の貸倒れ）の場合

法人税基本通達9－6－2（事実上の貸倒れ）は，その全額が回収できないことが明らかになった場合に，その明らかになった事業年度において貸倒れとして損金経理をすることができると規定しています。

これは，貸倒時期を任意に認めた場合には利益操作や粉飾決算につながるおそれがあるため，その時期に歯止めをかける意味合いと，損金算入時期をコントロールすることにより青色欠損金の控除期間を延長できることから，そのようなタックスプランニングを認めないようにしているものと考えられます。

したがって，明らかとなった事業年度以外は認められないため，その後に適用失念を発見しても，更正の請求等による救済は認められないことになります。

●法人税基本通達9－6－2

法人の有する金銭債権につき，その債務者の資産状況，支払能力等からみてその全額が回収できないことが明らかになった場合には，その明らかになった事業年度において貸倒れとして損金経理をすることができる。この場合において，当該金銭債権について担保物があるときは，その担保物を処分した後でなければ貸倒れとして損金経理をすることはできないものとする。

4　法人税基本通達9－6－3（形式上の貸倒れ）

法人税基本通達9－6－3（形式上の貸倒れ）の要件は，取引を停止した時以

後1年以上経過した場合とあるように，時期を限定していません。

したがって，文理上は後日気付いた場合でも，気付いた事業年度において損金算入が認められる規定ぶりですが，明らかな利益操作と認められるような場合には，貸倒損失処理が認められないおそれがあります。

●法人税基本通達9－6－3

債務者について次に掲げる事実が発生した場合には，その債務者に対して有する売掛債権（売掛金，未収請負金その他これらに準ずる債権をいい，貸付金その他これに準ずる債権を含まない。以下9－6－3において同じ。）について法人が当該売掛債権の額から備忘価額を控除した残額を貸倒れとして損金経理をしたときは，これを認める。

(1)　債務者との取引を停止した時（最後の弁済期又は最後の弁済の時が当該停止をした時以後である場合には，これらのうち最も遅い時）以後1年以上経過した場合（当該売掛債権について担保物のある場合を除く。）

(2)　省略

Q25 トラブル債権について形式上の貸倒れの適否（代理店契約の破棄を理由に支払拒絶を受けている債権）

Ａ社は，従来，Ｂ社を代理店として製品の販売をしていましたが，諸般の事情から一方的にＢ社との代理店契約を破棄し，Ｃ社と代理店契約を締結して取引を始めました。

このため，Ｂ社との間に紛争が生じ，Ａ社がＢ社に対して有していた売掛金についてＢ社が支払を拒絶しています。

Ａ社はこの売掛金について法人税基本通達９－６－３（一定期間取引停止後弁済がない場合等の貸倒れ）に準じて貸倒処理をすることができますか。

A

SUMMARY 売掛金について法人税基本通達９－６－３により貸倒処理をすることはできません。

(Reference) 法基通９－６－３

DETAIL

1 問 題 点

本問は，国税庁の質疑応答事例に掲載されている事例です。

法人税基本通達９－６－３において，一定期間取引停止後弁済がない場合等の貸倒規定が定められていますが，契約上のトラブルが原因で一定期間弁済がない場合についても適用があるかどうかが問題となります。

● **法人税基本通達９－６－３　一定期間取引停止後弁済がない場合等の貸倒れ**

債務者について次に掲げる事実が発生した場合には，その債務者に対して有する売掛債権（売掛金，未収請負金その他これらに準ずる債権をいい，貸付金その他これに準ずる債権を含まない。以下９－６－３において同じ。）について法人が当該売掛債権の額から備忘価額を控除した残額を貸倒れとして損金経理をしたときは，これを認める。
(1)　債務者との取引を停止した時（最後の弁済期又は最後の弁済の時が当該停止をした時以後である場合には，これらのうち最も遅い時）以後１年以上経過した場合（当該売掛債権について担保物のある場合を除く。）

2　9－6－3の適否

国税庁質疑応答による解説によれば，法人税基本通達９－６－３は，回収不能の判断について一種の外形基準を適用して簡素化を図ったものですから，事案のように当事者間に営業上の紛争が生じ，そのために事実上回収困難になっている債権についてまで，これを適用して損金算入を認めるものではないこととされています。

●国税庁質疑応答事例

【照会要旨】
仏壇メーカーであるA法人は，従来，B法人を代理店として製品の販売をしていましたが，諸般の事情から一方的にB法人との代理店契約を破棄し，C法人と代理店契約を締結して取引を始めました。
このため，B法人との間に紛争が生じ，A法人がB法人に対して有していた売掛金についてB法人が支払を拒絶しています。
そこで，A法人はこの売掛金について法人税基本通達９－６－３（一定期間取引停止後弁済がない場合等の貸倒れ）に準じて貸倒処理をすることができますか。
【回答要旨】
当該売掛金について法人税基本通達９－６－３により貸倒処理をすることはできません。
(理由)
法人税基本通達９－６－３は，回収不能の判断について一種の外形基準を適用して簡素化を図ったものですから，照会事案のように当事者間に営業上の紛争が生じ，そのために事実上回収困難になっている債権についてまで，これを適用して損金算入を認めるものではありません。

Q26 DESと貸倒れ

資本関係はありませんが，長い付き合いのある得意先A社からの要請を受け，Debt Equity Swap（以下，DESといいます）に応じることにしました。

売掛金1,000万円（A社側では買掛金）についてDESが行われ，株式の交付を受けました。債権の時価は100万円，取得した株式の時価は200万円です。この場合の会計・税務処理はどうすればよいのでしょうか。

また，差額は貸倒れになるのでしょうか。

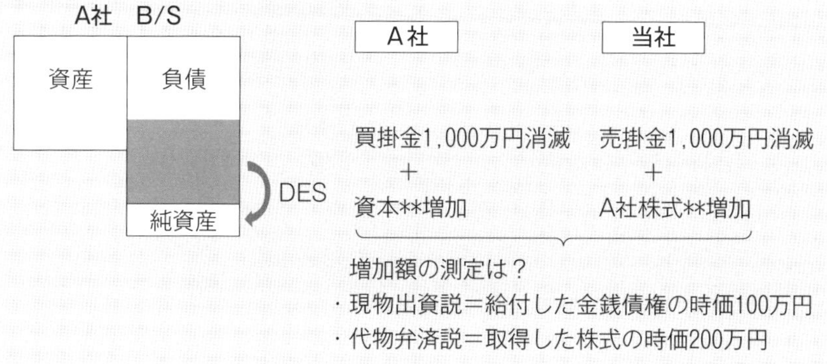

A

SUMMARY DESは，債権の現物出資にあたるので，適格組織再編税制の適用を受けるか否かで取扱いが異なります。資本関係がない取引先ということですから税制上非適格になると考えられますが，その場合には債権の時価相当額100万円が株式の取得価額となり，差額900万円は譲渡損失となります。

また，法人税基本通達9－6－1⑷の要件に該当する場合には，貸倒損失に該当します。

Reference　法令119

DETAIL

1 問題点

DESは債権の現物出資にあたるので税制上は適格か非適格かで取扱いが相違します。税制適格要件を満たす場合には帳簿価額を引き継ぎますが，非適格組織再編の場合には帳簿価額は引き継がない時価取引になります。

DESの税務解釈にあたっては，現物出資説と代物弁済説の対立がありました。簡単にいうと，現物出資説によれば株式の取得価額は給付した債権の価額であり，代物弁済説によれば株式の取得価額は取得時の株式の価額と考えられます。どちらの立場に立つかによって株式の取得価額が変わる可能性があることから，債権の帳簿価額との差額として測定される損失の金額は相違します。したがって，どちらの考え方で処理したらよいかが問題でした。

また，その場合に，価額をどのように算定するのかという問題もありました。

なお，DESを行う側の債務者企業においても，DESの価額により資本金等の額が増加し，資本金等の額と債務の帳簿価額との差額が債務消滅益になるため，DESの価額をどのように算定するかが問題でした。

●法人税法施行令119条1項

内国法人が有価証券の取得をした場合には，その取得価額は，次の各号に掲げる有価証券の区分に応じ当該各号に定める金額とする。

（中略）

二　金銭の払込み又は金銭以外の資産の給付により取得をした有価証券（第4号又は第19号に掲げる有価証券に該当するもの及び適格現物出資により取得をしたものを除く。）　その払込みをした金銭の額及び給付をした金銭以外の資産の価額の合計額（新株予約権の行使により取得をした有価証券にあっては当該新株予約権の当該行使の直前の帳簿価額を含み，その払込み又は給付による取得のために要した費用がある場合にはその費用の額を加算した金額とする。）

（中略）

> 二十六　前各号に掲げる有価証券以外の有価証券　その取得の時におけるその有価証券の取得のために通常要する価額

（１）　法人税法施行令119条１項２号（現物出資説）

●法人税基本通達２－３－14　債権の現物出資により取得した株式の取得価額

> 子会社等に対して債権を有する法人が，合理的な再建計画等の定めるところにより，当該債権を現物出資（法第２条第12号の14《適格現物出資》に規定する適格現物出資を除く。）することにより株式を取得した場合には，その取得した株式の取得価額は，令第119条第１項第２号《有価証券の取得価額》の規定に基づき，当該取得の時における給付をした当該債権の価額となることに留意する。
>
> (注)　子会社等には，当該法人と資本関係を有する者のほか，取引関係，人的関係，資金関係等において事業関連性を有する者が含まれる。

（２）　法人税法施行令119条１項26号（代物弁済説）

●法人税基本通達14－３－６　債権の弁済に代えて取得した株式若しくは新株予約権又は出資若しくは基金の取得価額

> 更生会社等に対して債権を有する法人（以下この款において「債権法人」という。）が，更生計画の定めるところにより，払込みをしたものとみなされ，又は権利の全部若しくは一部の消滅と引換えにして当該更生会社等の株式（新法人の株式を含む。）若しくは新株予約権又は出資若しくは基金（新法人の出資又は基金を含む。）の取得をした場合には，その取得の時における価額を当該株式若しくは新株予約権又は出資若しくは基金の取得価額とする。

2　税務上の取扱い

平成22年２月22日，経済産業省による照会に対して，国税庁による文書回答がなされました。

あくまでも，企業再生税制の適用という場面設定ですが，DES は健全企業においてなされることは少なく，多くは企業再生税制の適用場面で行われるため，このような取扱いが示されたことは大いに評価されます。

この取扱いを要約すると，以下のとおりです。

企業再生税制適用場面における DES についても，債権者が保有する金銭以外の資産である債権を現物出資し，その対価として株式の交付を受けるものであるため，現物出資債権の時価（現物出資により給付をした金銭以外の資産の価額の合計額）が，交付を受ける株式の取得価額となります。

この場合における現物出資債権の時価は，債務者及び債権者の双方が合理的な再建計画に合意する立場にあるため，合意した回収可能額に基づき評価されることが合理的であり，かつ，債務者における処理とも整合的です。このため，DES を行う債権者から見た現物出資債権の評価額についても，被現物出資債権の評価額と一致させることが合理的であると考えられます。この結果，給付を受けた金銭以外の資産の価額（被現物出資債権の評価額）が，現物出資により給付をした金銭以外の資産の価額（DES により交付を受ける株式の取得価額）となり，債権の帳簿価額から DES により交付を受ける株式の取得価額（取得に要する費用が含まれている場合にはその費用の額を減算した金額）を控除した金額が債権者における債権の譲渡損の額となります。なお，実質的には債権放棄による債権の切捨てに等しいため，法人税基本通達 9－6－1⑷の要件を満たす場合には，貸倒損失として損金の額になるものと考えられます。9－6－1 の要件等については，**Q44**を参照してください。

経済産業省による「事業再生に係る DES（Debt Equity Swap：債務の株式化）研究会報告書」中において，事例が示されていますので，参考として掲載します（巻末資料 2 を参照）。

〈DESの事例〉

（1） 回収不可能部分のDES

合理的に回収不可能とされた部分について，DESを行う場合，現物出資債権の評価はゼロとなり，債権の券面額を債務者側の債務消滅益（債権者側では譲渡損）として認識することとなる。下図では，回収不可能債権（＝実質債務超過部分）が400存在し，うち，300について債権放棄し，100をDESする場合，現物出資債権の評価額はゼロとなる。

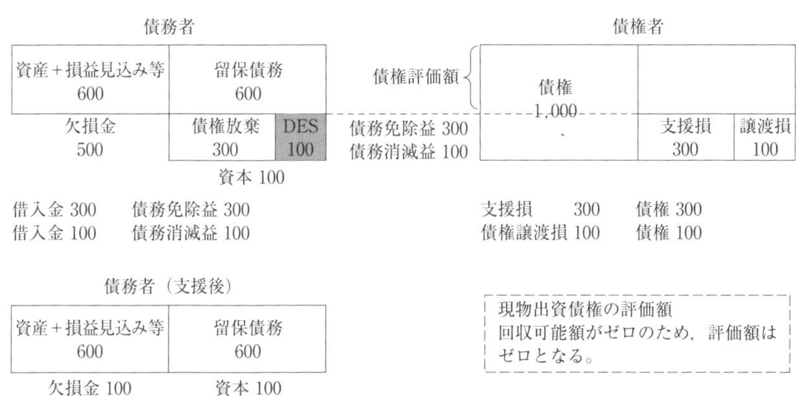

（2） 回収可能部分を含むDES

合理的に回収不可能とされた部分に加え，回収可能とされた部分もDESを行う場合，現物出資債権の評価は回収可能額となる。このため，債権の券面額と回収可能額の差額が債務者側で債務消滅益（債権者側では譲渡損）として認識されることとなる。下図では，回収不可能債権100に加え，回収可能債権100についてもDESする場合に，現物出資債権の評価額は100となる。

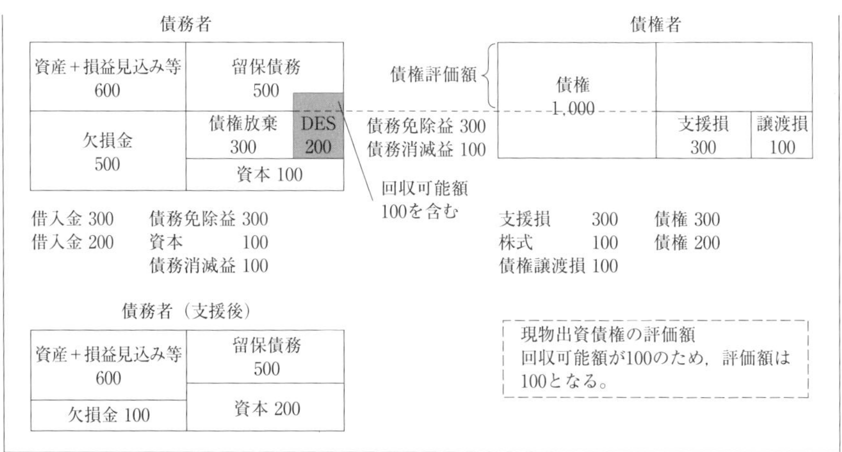

（出所）　経済産業省「事業再生に係るDES（Debt Equity Swap：債務の株式化）研究会報告書」

関連解説

会計上の取扱い

DESに関する会計上の取扱いとしては，平成14年10月９日に企業会計基準委員会から実務対応報告第６号が公表されています。対象とするDESにつき，財務的困難時に行われるもの，債権者の合意を得た再建計画等に基づき行われるもの等としつつも，金銭出資型でもその効果が債権回収と一体と考えられるものは含むものとしています。その概要は以下のとおりです（平成14年10月９日付実務対応報告第６号「デット・エクイティ・スワップの実行時における債権者側の会計処理に関する実務上の取扱い」）。

①　債権者がその債権を債務者に現物出資した場合，債権と債務が同一の債務者に帰属しその債権は混同により消滅するため，金融資産の消滅認識要件を満たす。

②　債務者側の会計処理にかかわらず適用される。

③　債権者が取得する株式は「新たな資産」であると考え，取得株式の取得時の時価が対価としての受取額（譲渡金額）となり，消滅した債権の帳簿価額

（貸倒引当金を控除した後の金額）との差額を当期の損益として処理し，その株式は時価で計上する。

④　取得時の時価は株式に市場価格がある場合は「市場価格に基づく価格」であり，市場価格がない場合には「合理的に算定された価格」である。合理的に算定された価格の算定は，債権放棄額や増資額などの金融支援額の十分性，債務者の再建計画等の実行可能性，株式の条件等を適切に考慮した上で，金融商品実務指針第54項に掲げられる方法によって算定する。算定が困難な場合，株式時価を直接的に算定する方法に代えて，適切に算定された実行時の債権の時価を用いることも考えられる。

上記のとおり，DESによる株式取得は，新たな資産の取得と考えられます。したがって，消滅した債権の帳簿価額と取得した株式の価額の差額は損益処理することになります。なお，株式の価額は，時価にて計上することが原則ですが，市場価額がない場合で合理的に価額を算定できない場合にはゼロとします（企業会計基準委員会実務対応報告第6号）。

Q27 売掛債権についての貸倒れの特例

当社は販売業を営む法人です。

従来から長年取引のあった取引先が業績不振で支払能力が悪化したため，2年前に取引を停止しました。最後の支払を受けてから1年以上経過しているので，当期の決算において売掛金残額について貸倒損失処理したいと考えています。

税務上，この貸倒損失処理は認められますか。

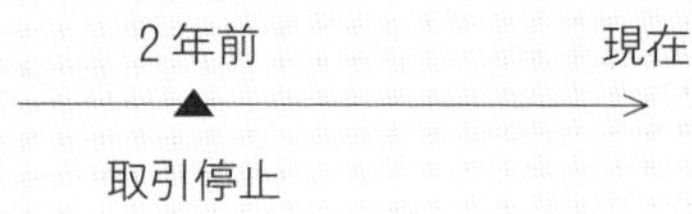

A

SUMMARY　売掛金残額から備忘価額を控除した金額を損金経理することにより，貸倒損失処理が認められることになります。

Reference　法基通9－6－1・9－6－2・9－6－3

DETAIL

1　問 題 点

取引先の支払状況が悪化したとしても，会社は破綻しないでしばらく生き続けることがあります。このような場合に，取引停止後の最後の支払からどれくらいの期間を経過した時点で形式的な貸倒れが利用できるのかが問題となります。

2　売掛債権についての貸倒れの特例

法人の有する金銭債権の回収が滞った場合に，金銭債権が法的に消滅したときは消滅した時点において損金算入することになり，また，債務者の資産状況，支払能力等からみてその全額が回収できないことが明らかとなった場合には，その回収ができないことが明らかとなった事業年度において，その金銭債権等の全額を損金経理することによって貸倒損失として処理することが認められています（法基通9－6－1，9－6－2）。

また，売掛債権（売掛金，未収請負金その他これらに準ずる債権をいい，貸付金その他これに準ずる債権を含まず，また担保物がある場合も含みません）のうち継続的な取引によって生じた債権については，債務者の資産状況，支払能力等が悪化したためその後の取引を停止するに至った場合は，次のいずれか遅い日以後1年以上経過した日において，法人が売掛債権の額から備忘価額を控除した残額を貸倒れとして損金経理をしたときは，これを認めることとされています（法基通9－6－3）。

- 債務者との取引を停止した時
- 最後の弁済期[(注)]又は最後の弁済の時の遅い時

（注）　弁済期は契約上の期日をいい，弁済の時は実際の弁済日をいいます。

本件は，得意先との継続取引を停止し，最後の弁済を受けた時から1年以上を経過しているとのことですので，売掛金残高から備忘価額を控除した金額を損金経理することにより貸倒損失としての処理が認められることになります。

ただし，形式的な貸倒れといってもあくまでも貸倒規定ですので，債務者の資産状況，支払能力等が悪化した場合が前提になります。

なお，備忘価額とは，通常は最低貨幣単位（1円）をいうので，大きな金額を備忘価額と主張しても認められないおそれがあります（部分貸倒れを認めることになるため）。

3　継続取引の範囲

形式的な貸倒れは，売掛債権のうち継続的な取引が対象です。

売掛債権に該当しない貸付金や売掛債権でも1回だけの取引などは対象になりません。

あくまでも反復継続して行われる売掛取引が対象なので，対象となるのはB to B（Business to Business）取引等が代表的です。

4　国税庁質疑応答事例

国税庁質疑応答事例には，一般消費者との取引であっても，継続・反復した取引を期待している場合には法人税基本通達9－6－3(1)の適用があるとしています。

●**国税庁質疑応答事例**

通信販売により生じた売掛債権の貸倒れ

【照会要旨】

A社は，一般消費者を対象に衣料品の通信販売を行っており，決済方法として，代金引換え，クレジットカード払い，商品引渡し後の銀行振込み（後払い）の3つを用意しています。このうち後払いの方法による場合において，期日までに振込みがないときには，その支払期日から30日後，60日後，90日後にそれぞれ電話等での督促を行うほか，必要な回収努力を行っていますが，売上金額の1％程度が回収できない状況となっています。

また，A社では，一度でも注文があった顧客については，継続・反復して販売することを期待して，その顧客情報をデータで管理していますが，その取引の状況を見てみると，同一の顧客に対して継続して販売している場合もありますが，1回限りの場合も多くあります。

この場合，A社は，結果的に一回限りの販売しかしていない顧客を，法人税基本通達9－6－3(1)《一定期間取引停止後弁済がない場合等の貸倒れ》の（注）における「継続的な取引を行っていた債務者」とみて，当該顧客に対する売掛債権について，貸倒れとして損金の額に算入することができますか。

【回答要旨】

当該顧客に対する売掛債権については，貸倒れとして損金の額に算入することができます。

（理由）

1　商品の販売，役務の提供等の営業活動によって発生した売掛金，未収請負金その他これらに準ずる債権（売掛債権）については，他の一般の貸付金その他の金銭消費貸借契約に基づく債権とは異なり，履行が遅滞したからといって直ちに債権確保のための手続をとることが事実上困難である等の事情から，取引を停止した後1年以上を経過した場合には，法人が売掛債権について備忘価額を付し，その残額を貸倒れとして損金経理をしたときは，これを認めることとされています（法人税基本通達9－6－3(1))。

なお，この場合の「取引の停止」とは，継続的な取引を行っていた債務者につきその資産状況，支払能力等が悪化したためその後の取引を停止するに至った場合をいいますから，例えば，不動産取引のように同一人に対し通常継続して行うことのない取引を行った債務者に対して有する当該取引に係る売掛債権が1年以上回収できないにしても，この取扱いの適用はないこととなります（法人税基本通達9－6－3（注））。

2　A社の衣料品の通信販売は，一般消費者を対象に行われるもので，同一の顧客に対して継続して販売している場合もあるものの，1回限りの場合も多いとのことです。したがって，通常継続して行われることのない取引であり，上記1の取扱いの適用はないものとも考えられます。しかしながら，衣料品の通信販売を営むA社のように，一度でも注文があった顧客について，継続・反復して販売することを期待してその顧客情報を管理している場合には，結果として実際の取引が1回限りであったとしても，A社の顧客を「継続的な取引を行っていた債務者」として，その1回の取引が行われた日から1年以上経過したときに上記1の取扱いを適用することができます。

第3章

貸倒処理の判断事例

Q28　100%子会社の整理損（グループ法人課税の影響）

100%子会社の清算に際してはグループ法人課税制度が適用され，子会社を合併した場合とほぼ同じ取扱いになると聞きました。

当社は，100%子会社Ａ社に対して，1,000の出資と500の貸付けをしていましたが，子会社はすでに債務超過に陥っていて，債務超過額が500生じています。欠損金は1,500あります。先の見通しが立たないので，特別清算によって解散清算する計画を立てていますが，税務処理はどうなるのでしょうか。

A

SUMMARY　平成22年10月１日以後の解散については，改正後の法人税法が適用されます（それ以前は従前の例によります）。完全支配関係のある内国法人を清算する場合，親会社が有する債権部分については，寄附金にあたらないことを前提にすれば損失処理（貸倒損失又は整理損失）が認められます。しかし，株式部分については損失処理が認められない半面，引継制限を受けない場合には子会社の未処理青色欠損金を引継ぎできます。

1　解散日の状況（100%親子会社を前提）

親会社Ｐ社

Ａ社貸付金	500
Ａ社株式	1,000

子会社Ａ社貸借対照表

資産	0	Ｐ社借入金	500
		資本金	1,000
		（欠損金）	1,500

2　特別清算の会計処理

Ｐ社	
(借)整理損失　500	(貸)Ａ社貸付金　500

Ａ社	
(借)Ｐ社借入金　500	(貸)債務免除益　500

3　税務処理

P社	A社
• 整理損失500	• 債務免除益が計上されるので，欠損金で控除する。
• A社の青色欠損金（債務免除益控除後）を引き継ぐ	• 期限切れ欠損金も控除できるが，青色欠損金があるときは青色欠損金を先に控除する
• 子会社株式消滅損は認められない	• 残余の欠損金のうち，青色欠損金はP社に引き継ぐ
• A社株式の消滅損は，P社の資本金等から控除する	

※欠損金が，青色欠損金であればほぼ問題ないが，青色欠損金は先に債務免除益で相殺するため，期限切れ欠損金が残る可能性が高い

（注）　子会社に対する債権の消滅損失は整理損失と表示しています。

Reference　法法61の２⑯・57②・２十二の七の六，法令８①二十・112①

DETAIL

1　グループ法人課税制度

平成22年度税制改正において，グループ法人課税制度が導入されました。

グループ法人課税制度は，企業グループを対象とした法制度や会計制度が定着しつつある中，税制においても法人の組織形態の多様化に対応するとともに，課税の中立性や公平性等を確保する観点から導入されたものです（平成22年度税制改正大綱より）。

具体的な概要は，以下のとおりです。

（1）　100％グループ内の法人間の資産の譲渡

連結法人間取引の損益の調整制度を改組し，100％グループ内の内国法人間で一定の資産の移転（非適格合併による移転を含みます）を行ったことにより

生ずる譲渡損益を，再譲渡，償却，貸倒れ等の時まで繰り延べします。

（注）100％グループ内の法人とは，完全支配関係（原則として，発行済株式の全部を直接又は間接に保有する関係）のある法人をいいます。

(2) 100％グループ内の法人間の寄附

100％グループ内の内国法人間の寄附金について，支出法人において全額損金不算入とするとともに，受領法人において全額益金不算入とします。

(3) 100％グループ内の法人間の資本関連取引

① 100％グループ内の内国法人間の現物配当（みなし配当を含みます）について，組織再編税制の一環として位置づけ，譲渡損益の計上を繰り延べる等の措置を講じます。この場合，源泉徴収等は行われません。

② 100％グループ内の内国法人からの受取配当について益金不算入制度を適用する場合には，負債利子控除を適用しません。

③ 100％グループ内の内国法人の株式を発行法人に対して譲渡する等の場合には，その譲渡損益を計上しません。

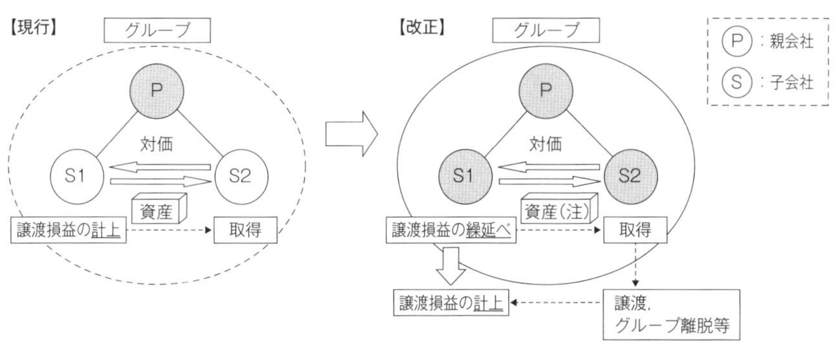

（注）棚卸資産，帳簿価額1,000万円未満の資産等は除外

（出所）財務省主税局作成資料

2　清算所得課税の廃止

従前，法人が解散すると解散日以降は清算所得課税が行われていましたが，この清算所得課税が廃止され，通常の各事業年度所得課税に一本化されました。その際，時価ベースで債務超過であって残余財産がないと見込まれるケースにおいては，期限切れ欠損金の損金算入が認められます。

3　100％子会社清算の税務

平成22年度税制改正により，完全支配関係のある内国法人の清算については上記1，2の両方の影響を受けます。

親会社，子会社それぞれの立場でみると，以下のようになります。

■清算の場合

	親会社	子会社
残余財産の分配	簿価移転	簿価移転
債権の取扱い（債務超過の場合）	整理損失計上	債務免除益計上
株式の取扱い	損金不算入	—
未処理青色欠損金	債務免除益控除後の欠損金引継ぎ	—

この結果，完全支配関係がある場合の法人の清算処理は，適格合併の取扱いとほぼ同じになります。

■適格合併の場合

	親会社	子会社
資産負債の移転	簿価移転	簿価移転

債権の取扱い（債務超過の場合）	相殺	相殺
株式の取扱い	損金不算入	—
未処理青色欠損金	欠損金引継ぎ	—

4　貸倒損失か整理損失か

子会社の解散清算に伴う債権の消滅損は，税務上大きく３種類に分けられます。

- 貸倒損失に該当する場合
- 損金になる寄附金（整理損失）に該当する場合
- 損金にならない寄附金に該当する場合

（1）　貸倒損失

貸倒損失として損金計上できるかどうかは，法人税基本通達９－６－１，９－６－２，９－６－３に該当するかどうかによって決まります。一般的に子会社清算は，特別清算手続を利用するので，その場合には法人税基本通達９－６－１(2)により貸倒損失に該当するものと思われます。普通清算手続の場合には，法人税基本通達９－６－１(3)又は(4)に該当するかどうかによります。

●法人税基本通達９－６－１

(1)　更生計画認可の決定又は再生計画認可の決定があった場合において，これらの決定により切り捨てられることとなった部分の金額
(2)　特別清算に係る協定の認可の決定があった場合において，この決定により切り捨てられることとなった部分の金額
(3)　法令の規定による整理手続によらない関係者の協議決定で次に掲げるものにより切り捨てられることとなった部分の金額 イ　債権者集会の協議決定で合理的な基準により債務者の負債整理を定めて

いるもの ロ　行政機関又は金融機関その他の第三者のあっせんによる当事者間の協議により締結された契約でその内容がイに準ずるもの
(4)　債務者の債務超過の状態が相当期間継続し，その金銭債権の弁済を受けることができないと認められる場合において，その債務者に対し書面により明らかにされた債務免除額

(2)　整理損失

貸倒損失に該当しない場合でも，損金になる可能性がないわけではありません。親会社が大半の損失を負担するケースにおいても負担をすることの経済合理性が認められる場合には，寄附金とせずに損金（整理損失）としての処理が認められます。寄附金に該当するかしないかについては，**Q48**を参照してください。

Q29　スポーツクラブ預託金と貸倒れ

当社は，バブル時代に従業員の福利厚生目的で△△スポーツクラブに入会しました。入会に際し，入会金100万円，預託金500万円を支払い，入会金については入会金（無形固定資産）として，預託金については差入保証金（投資等）として会計処理を行っていました。クラブの規約によれば，入会後10年経過後に退会すれば預託金は全額返還されるとのことだったのですが，10年を経過して退会した現在，クラブ側では資金繰りの都合上返還できないといってきています。弁護士を通じて返還交渉を行い始めたところですが，クラブの財政状態は厳しく，実際に満額の返還を受けることは困難との報告を受けています。このような場合，預託金と入会金についてどのような税務・会計処理をしたらよいでしょうか。

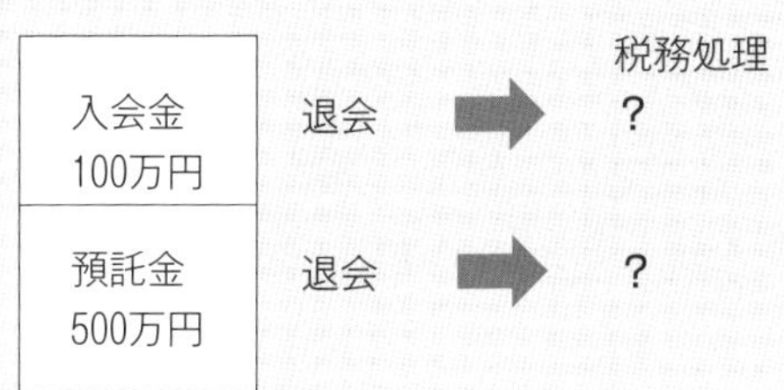

A

SUMMARY　入会金は退会に伴って損金処理することができます。

預託金は，回収不能額を見積もり，貸倒引当金を繰り入れることになります。その後，交渉等によって協定や和解が成立し，回収額が確定した段階で回収不能額を貸倒損失として処理することになります。

Reference　法基通 9－7－11～12・11－2－16・11－2－3

DETAIL

1　問 題 点

スポーツクラブ会員権は，入会金と預託金の両項目で構成されることが多いと思われます。入会時には，いずれの項目についても償却処理は認められませんが，これは返還請求できる資産だからというものでなく，優先的にプレーができる無形の権利だからと解されているためです。しかし，退会によってその無形の権利も消失することになるので，どのように税務処理，会計処理をしたらよいかが問題になります。

2　入会金部分

スポーツクラブの入会金は，税務上償却することが認められていない（法基通９－７－11）ので，支払総額が資産として計上されています。

この入会金は退会に伴って資産性を失いますので，損金処理することができます（法基通９－７－12）。

3　預託金部分

預託金は，貸倒引当金の設定対象となる金銭債権には該当しません（法基通11－２－18）。

しかし，退会手続によって預託金の返還請求権を行使し，満額の回収が困難となった場合に，初めて貸倒引当金又は貸倒損失として処理をすることができます。

つまり，預託金部分を貸倒引当金又は貸倒損失として処理するためには，退会手続等をとり金銭債権にすることが前提となります（法基通11－２－３）。

貴社の場合には，退会手続をすでにとられていますが，法的整理でなく任意の回収交渉の段階なので，貸倒処理することは時期尚早で認められません。したがって回収不能額を見積もり，貸倒引当金を繰り入れることになります。その後，交渉等によって協定や和解が成立し回収額が確定した段階で，回収不能額を貸倒損失として処理することになります。

■入会金，預託金の退会に伴う税務会計処理まとめ

項　目	退会区分		処　　理
入会金			全額損金処理
預託金	法的整理		
		手続の開始決定	50%相当額を貸倒引当金（個別評価）
		手続の認可決定	免除額を貸倒損失
	任意整理		
		交渉中	回収不能額を見積り貸倒引当金（個別評価）
		協定や和解成立	免除額を貸倒損失

Q30 ゴルフクラブ経営会社が民事再生した場合

ゴルフクラブの経営会社が民事再生手続の申立てを行いましたが，このたびゴルフ場経営会社の再生計画が認可され，預託金の一部が切り捨てられました。当社はこのゴルフクラブの会員権を持っており，引き続きプレーをすることはできますが，この切り捨てられた部分の金額は貸倒損失として処理できるでしょうか。

A

SUMMARY 再生計画の認可決定によって，預託金が部分的に切り捨てられ，法律的に債権の一部が消滅した場合には，その切り捨てられた部分の金額については，原則として，切捨ての事実が生じた事業年度において貸倒損失として損金の額に算入されます。

Reference 法基通９－６－１

DETAIL

1 問題点

本問は，国税庁の質疑応答事例に掲載されている事例です。

ゴルフ会員権には，株式方式のものと預託金方式のものがあります。

株式方式の場合には有価証券の取扱いが適用されますが，預託金方式の場合は債権の取扱いが適用されます。我が国では，多くの場合預託金方式が採用されていますので，以下，預託金方式について解説します。

その債権が金銭債権に該当する場合，再生計画の認可決定によって切り捨てられることとなった部分の金額は，その事実の発生日の属する事業年度において貸倒損失として損金となります（法基通９－６－１(1)）。

しかし，ゴルフクラブの預託金は，原則的には優先的なプレーを受けられる権利であるというのが税務の立場であって，単なる金銭債権に該当しないと考えられるため，切捨てがあったとしても引き続きプレー権が確保されている場合に貸倒損失処理できるのかどうかが問題となります。

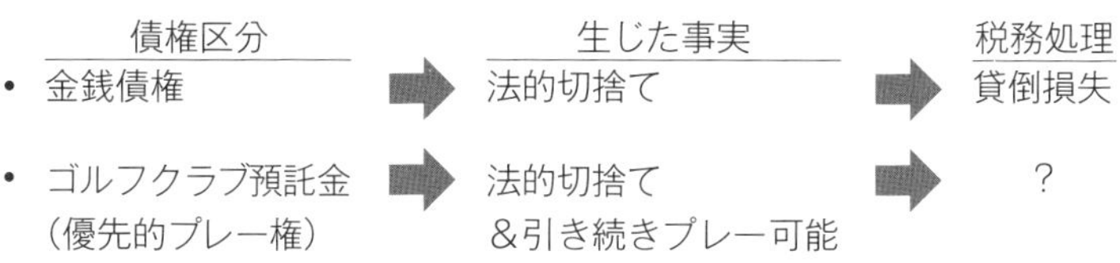

2　ゴルフクラブ預託金と貸倒れ

国税庁の質疑応答事例によれば，ゴルフ会員権は会員契約の解除がなければ金銭債権には転換しませんが，それは契約自由のもと当事者間合意でそうなっているだけであり，民事再生手続によって預託金の一部切捨てが行われた場合は契約変更により預託金返還請求権の一部が金銭債権として顕在化した上で切捨ての対象になったとみることもできることから，消滅した債権に相当する貸倒損失の計上が認められると解することが相当としています。

また，債務者側であるゴルフ場経営会社は，預託金の一部切捨てにより債務免除益を計上することになり，契約の当事者間に存在した債権・債務関係が変更されたという事実を踏まえれば，債権者における消滅した債権に相当する貸倒損失を容認することが相当と考えられます。

なお，ゴルフ会員権を預託金の額面額以下で取得している場合の貸倒損失は，帳簿価額と切捨て後の預託金の差額になります。

●国税庁質疑応答事例

> 金銭債権の一部が再生計画の認可決定によって切り捨てられた場合には，切り捨てられた金額は，その事実が生じた事業年度において貸倒損失として損金算入されます（法人税基本通達９－６－１⑴）。
>
> ゴルフ会員権は，会員契約の解除がなければ預託金返還請求権（金銭債権）に転換しません。再生手続は経営の継続が前提となっているので，通常，会員

契約は解除されることはないため，認可決定により預託金の一部が切り捨てられたとしても，金銭債権の性格を有しないゴルフ会員権について貸倒損失を計上することは認められないとも考えられます。

しかしながら，会員契約を解除しなければゴルフ会員権が金銭債権と認められないのは，契約上「預託金は，据置期間経過後，退会を条件に返還請求することができる」とされているからであって，契約自由の原則の下では，当事者の合意により，契約継続中のある時点で預託金の一部を返還又は切り捨てるという契約に変更することは可能です。

すなわち，再建型の倒産手続などによって預託金の一部切捨てが行われた場合も，契約変更により，預託金返還請求権の一部が金銭債権として顕在化した上で，その一部が切り捨てられたとみることができます。

また，預託金の一部切捨てという事実は，契約の当事者間に存在した債権・債務関係が法律的に消滅することであり，ゴルフ場経営会社はこのことにより債務免除益を計上することになります。このような当事者間の契約上の債権・債務関係が変更されたという事実を踏まえれば，債権者においても，その消滅した債権に相当する貸倒損失を容認することが相当であると考えます。

したがって，預託金の一部が切り捨てられた場合には，会員が従来どおりゴルフ場施設を利用できても，その切り捨てられた部分の金額については貸倒損失の計上が認められると解することが相当と考えられます。

〔預託金の一部が切り捨てられた場合の例〕

民事再生法の規定による再生計画の認可の決定により預託金の一部（500万円）が切り捨てられ，額面1,500万円とされた。

（事例１）　帳簿価額が2,300万円の場合

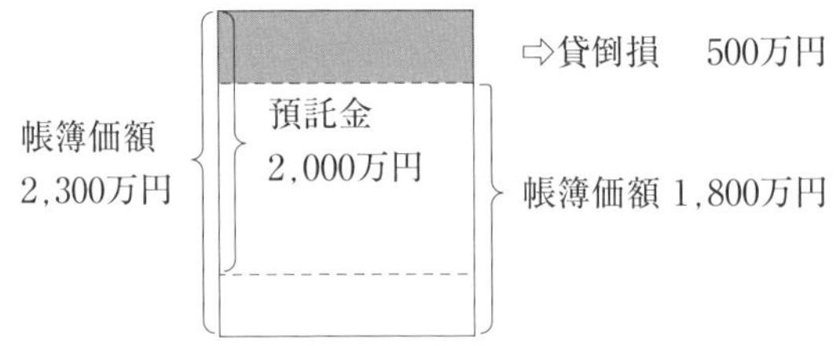

（税務上の処理）

（借）　貸倒損失　500万円　　　（貸）　ゴルフ会員権　500万円

（事例２）　帳簿価額が1,800万円の場合

預託金
2,000万円

帳簿価額
1,800万円

⇨貸倒損　300万円

帳簿価額 1,500万円

（税務上の処理）

（借）　貸倒損失　300万円　　（貸）　ゴルフ会員権　300万円

Q31 債権放棄をした場合の貸倒損失

当社は，得意先Ａ社からの要請に基づいて，売掛金額1,000のうち40%の400について債権放棄をすることにしました。Ａ社は前期末頃から業績が著しく悪化し，弁護士が代理人としての立場で関与して私的整理を進めています。この債権放棄額について貸倒損失処理は認められますか。

売掛金			区分		税務処理
1,000	うち，400	➡	債権放棄	➡	貸倒損失？
	うち，600	➡	回収	➡	そのまま

A

SUMMARY 債権放棄をすれば無条件に貸倒損失が認められるものではありません。

債務者の債務超過の状態が相当期間継続し，その金銭債権の弁済を受けることができないと認められる場合において，その債務者に対し書面により債権放棄をした場合に貸倒損失が認められます。

(Reference) 法基通９－６－１

DETAIL

1 問題点

法人税基本通達において，書面による債権放棄についても貸倒損失の対象になることが明らかにされています。

しかし，債権放棄をすれば無条件に貸倒れが認められるものでないため，どのような場合に認められて，どのような場合に認められないかが問題です。

●法人税基本通達９－６－１　金銭債権の全部又は一部の切捨てをした場合の貸倒れ

> 法人の有する金銭債権について次に掲げる事実が発生した場合には，その金銭債権の額のうち次に掲げる金額は，その事実の発生した日の属する事業年度において貸倒れとして損金の額に算入する。
> (1)～(3)　省略
> (4)　債務者の債務超過の状態が相当期間継続し，その金銭債権の弁済を受けることができないと認められる場合において，その債務者に対し書面により明らかにされた債務免除額

2　書面による債権放棄の要件

書面による債権放棄の要件としては，以下の点を充足する必要があります。

①　債務超過の状態が相当期間継続すること

②　その金銭債権の弁済を受けることができないと認められること

③　その債務者に対し書面により債務免除額を明らかにすること

①については，一過性の債務超過を排除し，回収の努力を最大限行うために相当期間要件を設けていると解されます。詳細は，**Q19**を参照してください。

③の債権放棄は，公証力まで要求されませんが，通常はいつ何を出したか証明する必要があるので，内容証明郵便等を利用します。また，債務免除の効力は相手方に到達することを要件とするので，期末近くに発送する場合には時間的余裕をもって行う必要があります。

3　興銀事件

債権放棄をめぐっては，有名な判決に日本興業銀行事件があります。

母体行である日本興業銀行が住専に対して有する債権を放棄したものですが，課税庁が否認し裁判となった事件です。東京地裁は原告納税者勝訴としましたが，控訴審である東京高裁が原判決を破棄して原告の請求を棄却しました。最終的に最高裁は，平成８年３月末までに社会通念上回収不能になっていたとし

て，課税庁による更正処分を取り消し納税者勝訴で一件落着しました。

本裁判のポイントは，２点ありました。

① 平成８年３月末までに債権の全額が回収不能といえたか

② 債権放棄についていた解除条件をどのようにみるか

一審では，平成８年３月末において社会通念上回収不能だったとし，解除条件についても損失は発生しているとしました。一方の控訴審では，住専には資産があり平成８年３月末において全額が回収不能とはいえないし，解除条件付きでなされた債権放棄は解除条件不成就が確定した年度の損金とすべきと判示しました。このような中，注目の最高裁判決では，東京高裁判決を破棄し東京地裁判決を支持しました。つまり，債権の全額が回収不能であるかどうかは，社会通念に従って総合的に判断されるべきであり全額が回収不能であることは客観的に明らかになっていたと認定しました。

判決の要旨は次のとおりです。

判例

（東京地裁平成９年（行ウ）第260号，平成13年３月２日判決，TAINS：Z250-8851）

① 本件新事業計画の破綻後，B社の資産は，一般行及び農協系統の債権についてさえその全額を弁済するには不足していた上，住専処理問題は政治問題化し世間の注目を集めていたところ，原告会社は，農協系統から信義則上の責任を追及されかねない立場に陥っており，これを避けるためには本件債権を放棄するほかないと認識し，これを公にしていたし，このことは，関係者の共通の認識であったばかりか，政府与党はもとより，野党やマスコミ及び一般世論においても異論がなかったことからすると，少なくとも平成８年３月末までの間に，原告会社は，本件債権を回収することが事実上不可能になっていたものというべきであり，本件債権は，本件事業年度において，社会通念上回収不能の状態にあったものというべきであるとされた事例

② 平成８年３月末の時点においては，政府の住専処理案の成否が未定であり，法的な処理によることになれば原告会社が本件債権を回収する道も残されていたとの課税庁の主張が，仮に政府の住専処理策が全体として成立しないと

しても，新たな処理案において，母体行債権の全額放棄を盛り込む形で住専処理案が策定されることは確実であったというべきであって，平成８年３月の段階で政府の住専処理案が採用されるかどうか流動的であったからといって原告会社が本件債権を回収することが社会通念上不可能であったとの結論に影響があるものとはいえないとして排斥された事例

③　本件債権放棄に解除条件が付けられていることから，これによる損失は確定しておらず損金に算入することはできないとの課税庁の主張が，損金算入の前提として，損失の確定を要するとしても，そこでいう確定とは，一般に税法上の権利確定主義という用語で言われる際の確定と同義のものと解すべきであって，抽象的な権利義務の発生にとどまらず訴訟において請求又は確認し得る程度に具体的に発生していることを意味するものと解すべきであり，このような観点から本件債権放棄をみると，その内容は，民法127条２項にいう解除条件に当たり，その意思表示後条件成否未定の間も債権放棄の法的効力が発生しており，その効力は，抽象的なものではなく，訴訟においても本件債務の不存在が確認される程度に具体的に発生しているのであるから，損失の発生は確定しているというべきであるとして排斥された事例

なお，最高裁判所判決では，金銭債権の貸倒損失について，その事業年度の損金の額に算入するためには，「当該金銭債権の全額が回収不能であることを要すると解される。そして，その全額が回収不能であることは客観的に明らかでなければならないが，そのことは，債務者の資産状況，支払能力等の債務者側の事情のみならず，債権回収に必要な労力，債権額と取立費用との比較衡量，債権回収を強行することによって生ずる他の債権者とのあつれきなどによる経営的損失等といった債権者側の事情，経済的環境等も踏まえ，社会通念に従って総合的に判断されるべきものである。」と判示し，貸倒れの判断に際して，債権者側の事情も考慮されることが初めて示されました。

この判決を踏まえ，金銭債権の貸倒損失に関する事前照会について，国税局及び税務署において事前照会を受け付ける体制がとられています。

4　部分的な債権放棄

本件では有する金銭債権のうち40％相当額400について債権放棄をしていますが，法人税基本通達９－６－１（法律上の貸倒れ）は同通達９－６－２（事実上貸倒れ）と異なり，その全額が回収不能であることを要件としていません。したがって，金銭債権の弁済を受けることができないと認められる金額が全債権額の40％相当額400ということであれば，その計算が合理的である限り認められることになります。

5　債権放棄の分割

それでは，金銭債権1,000の40％，400の債権放棄をしたその翌事業年度にさらに追加して10％相当額100を債権放棄した場合に，当該債権放棄による貸倒損失は認められるのでしょうか。

債務者の財務状況やキャッシュ・フローの状況悪化が原因で，弁済を受けることができないと認められる金額が減少し，かかる証明が適切にできるのであれば認められるものと思われます。

ただし，そこに利益調整的な意味合いがあって，当期に40％，翌期に10％……という意図があるような場合には，到底認められないものであることは言うまでもありません。

6　国税庁質疑応答事例

国税庁質疑応答事例には，下記のような第三者に対する債務免除事例が掲載されています。

● 国税庁質疑応答事例

第三者に対して債務免除を行った場合の貸倒れ

【照会要旨】

Ａ社は，得意先であるＢ社に対して５千万円の貸付金を有していますが，Ｂ社は３年ほど前から債務超過の状態となり，その業績及び資産状況等からみても，今後その貸付金の回収が見込まれない状況にあります。

そこで，Ａ社はＢ社に対して有する貸付金５千万円について書面により債務免除を行うことを予定していますが，これを行った場合，Ａ社のＢ社に対する貸付金５千万円を貸倒れとして損金算入することは認められますか。

なお，Ａ社とＢ社との間には資本関係や同族関係などの特別な関係はなく，Ａ社とＢ社との取引はいわば第三者間取引といえるものです。

【回答要旨】

当該貸付金については，貸倒れとして損金の額に算入されます。

（理由）

1　御照会の趣旨は，第三者に対して債務免除を行った場合に，その債務免除額は損金の額に算入できるかということかと思われます。この点，法人の有する金銭債権について，債務者の債務超過の状態が相当期間継続し，その金銭債権の弁済を受けることができないと認められる場合において，その債務者に対し書面により明らかにされた債務免除額は，その明らかにされた日の属する事業年度において貸倒れとして損金の額に算入することとされています（法人税基本通達９－６－１⑷）。

この場合の貸倒損失の計上は，金銭債権の弁済を受けることができないと認められる場合の債務免除の取扱いですので，その債務者が第三者であることをもって無条件に貸倒損失の計上ができるというものではありませんが，第三者に対して債務免除を行う場合には，金銭債権の回収可能性を充分に検討した上で，やむなく債務免除を行うというのが一般的かと思われますので，一般には同通達の取扱いにより貸倒れとして損金の額に算入されます。

（注）　第三者に対して債務免除を行う場合であっても，同通達に掲げる場合と異なり，金銭債権の弁済を受けることができるにもかかわらず，債務免除を行い，債務者に対して実質的な利益供与を図ったと認められるような場合には，その免除額は税務上貸倒損失には当たらないことになります。

2　Ａ社の場合，第三者であるＢ社は債務超過の状態にあり，Ｂ社に対する貸付金の免除は，今後の回収が見込まれないために行うとのことですから，当該貸付金については上記１の取扱いにより貸倒れとして損金算入されます。

3　なお，上記１の取扱いの適用に当たっては，次の点に留意する必要があります。

(1)「債務者の債務超過の状態が相当期間継続」しているという場合における「相当期間」とは，債権者が債務者の経営状態をみて回収不能かどうかを判断するために必要な合理的な期間をいいますから，形式的に何年ということではなく，個別の事情に応じその期間は異なることになります。

(2)　債務者に対する債務免除の事実は書面により明らかにされていれば足ります。この場合，必ずしも公正証書等の公証力のある書面によることを要しませんが，書面の交付の事実を明らかにするためには，債務者から受領書を受け取るか，内容証明郵便等により交付することが望ましいと考えられます。

Q32 債権放棄による貸倒損失の否認と貸倒引当金による救済の関係

債権放棄によって貸倒損失処理したものについて，後日税務調査を受け，要件を満たしていないので貸倒損失は認められないと指摘されました。この場合に，貸倒引当金による救済は可能でしょうか。

債権放棄 ➡ 貸倒損失 ➡ 否認 ➡ 貸倒引当金は認められるか？

A

SUMMARY 債権放棄を行った場合には，事業年度末時点で金銭債権が存在しないことになります。存在しない金銭債権に対して貸倒引当金を計上することはできないので，法人税基本通達11-２-２による救済規定は適用できません。

Reference 法基通11-２-２

DETAIL

１ 問 題 点

法人税法52条３項は，貸倒引当金を計上する場合には明細書の添付が必要と規定しています。しかし，貸倒損失を計上する場合には明細書の添付を必要としないため，税務調査等によって貸倒損失が否認された場合に貸倒引当金に切り替えできるかどうか（貸倒引当金の要件は満たす前提）が問題になります。この点に関しては，法人税基本通達11-２-２に救済規定があり，明細書添付がないことが貸倒損失の計上を行ったことに基因し，後日速やかに提出された場合には貸倒引当金の計上を認めるとされています。

ご質問は，通達の救済規定が，債権放棄により貸倒損失を計上した場合においても適用されるか否かの問題です。

●法人税基本通達11-2-2　貸倒損失の計上と個別評価金銭債権に係る貸倒引当金の繰入れ

> 法第52条第1項《貸倒引当金》の規定の適用に当たり，確定申告書に「個別評価金銭債権に係る貸倒引当金の損金算入に関する明細書」が添付されていない場合であっても，それが貸倒損失を計上したことに基因するものであり，かつ，当該確定申告書の提出後に当該明細書が提出されたときは，同条第4項の規定を適用し，当該貸倒損失の額を当該債務者についての個別評価金銭債権に係る貸倒引当金の繰入れに係る損金算入額として取り扱うことができるものとする。
>
> （注）　本文の適用は，同条第1項の規定に基づく個別評価金銭債権に係る貸倒引当金の繰入れに係る損金算入額の認容であることから，同項の規定の適用に関する疎明資料の保存がある場合に限られる。

2　債権放棄の場合の適否

債権放棄を行った場合には，事業年度末時点で金銭債権が存在しないことになります。存在しない金銭債権に対して貸倒引当金を計上することはできないので，法人税基本通達11-2-2による救済規定は適用できないことになります。

なお，この点に関して，法人税基本通達9-6-1(4)の債権放棄は，課税庁に否認された場合に上記の問題が生じますが，法人税基本通達9-6-2の事実上の貸倒れの場合には，たとえ否認されたとしても将来回収するチャンスがあるので，実務の視点からは法人税基本通達9-6-1(4)ではなく，法人税基本通達9-6-2を使うしかない旨の指摘があります（多田雄司「貸倒損失の税務」『租税研究』第728号，2010年6月）。

Q33　貸倒引当金の長期棚上げと貸倒損失の形式上の貸倒れの競合

売掛金100を有する得意先が前期中（X1/3/31）に再生計画の認可決定を受け，60%相当の60は免除し，40%相当の40は今後10年間で分割弁済を受けることになりました。認可決定年度末の翌日から5年経過日（X6/3/31）を超えて弁済を受ける部分の金額20について，前期に貸倒引当金を計上しましたが，今期になって得意先との最終取引日（最後の弁済日 X0/5/1）から1年以上を経過（X1/5/1）したので，貸倒損失を計上できないものかと思っています。

規定上は該当するように思うのですが，いかがでしょうか。

〈再生計画の内容〉

債権の60%部分60について認可決定時に債務免除を受け，残債権40について10年間での均等弁済とする。

	取引停止日（最後弁済日）X0/5/1	民事再生申立日 X0/7/2	認可決定日 X1/1/20	決算日 X1/3/31	取引停止日から1年以上経過日 X1/5/1	第1回弁済日 X2/2/20	決算日 X2/3/31	第2回弁済日 X3/2/20
債権100			免除△60			△4		△4
残債権	100	100	40	40	40	36	36	32
貸倒引当金		50	20	20（注1）			20（注2）	
貸倒損失			60	60			-	

（注1）　認可決定日年度の翌日から5年を超えて弁済を受ける金額
（注2）　特定事由発生日（認可決定日）が基準日となるので，前期と同額の計上が可能

A

SUMMARY　確かに最終取引日（最後弁済日 X0/5/1）から1年以上を経過しているので法人税基本通達9-6-3(1)の1年要件を満たすように思えます。

しかし，貴社の有する売掛金は再生計画によって，10年間で分割弁済されることが決定されたため，通達でいうところの最後の弁済期を迎えていないことになります。再生計画によれば，最後弁済期はX11/1/20になります。

したがって，貸倒損失の形式上の貸倒れは認められず，５年経過日以降に弁済を受ける部分20について貸倒引当金を計上する方法なら認められます。

(Reference) 法基通９－６－３，法令96

DETAIL

1　問 題 点

法人税基本通達９－６－３によれば，継続取引を行っていた得意先につき，資産状況，支払能力等が悪化したためその後の取引を停止した場合，

- 取引を停止した時
- 最後の弁済期
- 最後の弁済の時

のいずれか最も遅い時以後１年以上経過した時に貸倒損失処理することを認めています。いわゆる形式上の貸倒れです。

● 法人税基本通達９－６－３　一定期間取引停止後弁済がない場合等の貸倒れ

債務者について次に掲げる事実が発生した場合には，その債務者に対して有する売掛債権（売掛金，未収請負金その他これらに準ずる債権をいい，貸付金その他これに準ずる債権を含まない。以下９－６－３において同じ。）について法人が当該売掛債権の額から備忘価額を控除した残額を貸倒れとして損金経理をしたときは，これを認める。

⑴　債務者との取引を停止した時（最後の弁済期又は最後の弁済の時が当該停止をした時以後である場合には，これらのうち最も遅い時）以後１年以上経過した場合（当該売掛債権について担保物のある場合を除く。）

⑵　省略

（注）⑴の取引の停止は，継続的な取引を行っていた債務者につきその資産状況，支払能力等が悪化したためその後の取引を停止するに至った場合をいうのであるから，例えば不動産取引のようにたまたま取引を行った債務者に対して有する当該取引に係る売掛債権については，この取扱いの適用はない。

一方，債務者は民事再生手続によって債務を長期分割弁済中なので，認可決定事業年度末日の翌日から５年経過日を超えて弁済を受ける部分の金額20は貸倒引当金（長期棚上げ）の計上が可能です。なお，貴社は前期においてすでに計上済みとのことです。

●法人税法施行令96条１項１号　貸倒引当金勘定への繰入限度額

一　内国法人が当該事業年度終了の時において有する個別評価金銭債権（同項に規定する個別評価金銭債権をいい，当該内国法人との間に連結完全支配関係がある連結法人に対して有する金銭債権を除く。以下この項において同じ。）につき，当該個別評価金銭債権に係る債務者について生じた次に掲げる事由に基づいてその弁済を猶予され，又は賦払により弁済される場合　当該個別評価金銭債権の額のうち当該事由が生じた日の属する事業年度終了の日の翌日から５年を経過する日までに弁済されることとなっている金額以外の金額（担保権の実行その他によりその取立て又は弁済（以下この項において「取立て等」という。）の見込みがあると認められる部分の金額を除く。）
イ　更生計画認可の決定
ロ　再生計画認可の決定
ハ・ニ　省略

このように，貸倒損失と貸倒引当金のそれぞれの規定を両方満たしているような場合に優劣関係はあるのか，それとも法人が有利な方式を任意に選択できるのかが，問題になります。

2　法人税基本通達の解釈

次頁の図で示すように，貴社と得意先の最後の取引はX0/5/1であり，１年以上経過した日X1/5/1には，法人税基本通達９－６－３(1)の１年基準を満たすように思えます。

しかし，再生計画によれば，今後10年間をかけて債権の弁済を受けていくとのことなので，再生計画によれば債権の弁済期をまだ迎えているとはいえず，

	取引停止日（最後弁済日）X0/5/1	民事再生申立日 X0/7/2	認可決定日 X1/1/20	決算日 X1/3/31	取引停止日から1年以上経過日 X1/5/1	第１回弁済日 X2/2/20	決算日 X2/3/31	第２回弁済日 X3/2/20
債権100			免除△60			△4		△4
残債権	100	100	40	40	40	36	36	32
〈貸倒引当金を優先すると…〉								
貸倒引当金		50	20	20（注１）			20（注２）	
貸倒損失			60	60			-	
〈貸倒損失を優先すると…〉								
貸倒引当金		50	20	20	0		-	
貸倒損失			60	60	40（注３）		40	

（注１） 認可決定日年度の翌日から５年を超えて弁済を受ける金額
（注２） 特定事由発生日（認可決定日）が基準日となるので，前期と同額の計上が可能
（注３） 貸倒損失の形式上の貸倒れ＝取引停止日（弁済日）から１年以上経過した日を適用

この点で基本通達の要件を満たさないものと考えられます。

また，一般的に法令と通達が競合した場合，通達は法令の合理的解釈のためのものであるため，法令と通達の主従関係を転倒的に機能させることはできず，法令が通達に優先して適用されることになります（瀬戸口有雄『四訂版　否認を受けないための貸倒引当金の税務』税務研究会出版局）。

なお，貸倒引当金は法人税法52条，法人税法施行令96条に規定されています。一方の貸倒損失は，法人税基本通達９－６－１，９－６－２，９－６－３に規定されています。

Q34 消滅時効と貸倒れ

当社はインターネット上でショッピングサイトを営む会社ですが，少額債権が多く，売上債権について消滅時効の期間を経過する例が発生しています。債権が消滅時効期間を経過し，あるいは，援用され消滅時効が確定したとしても，税法上の貸倒要件に該当しないと聞きました。消滅時効に関する税法上の取扱い等について教えてください。

A ……………………………………………………………………

SUMMARY 消滅時効は時効期間の経過とともに確定的に生ずるものでなく，時効が援用されたときに初めて確定的に生ずると解するのが判例の見解です。

法人税法の取扱いとしては，消滅時効期間が経過し援用によって確定したとしても，債務者に資力喪失等の事由が生じていないと，貸倒引当金の繰入れ，貸倒損失の計上ともに認められません。

ただし，少額債権の場合は，貸倒損失の形式上の貸倒れ（少額債権）に該当するかどうかの検討が必要です。債権の回収で足が出る（債権額<回収費用）ケースでは，貸倒損失の計上が認められます。あるいは，債権を売却し売却損益を計上するのも一法です。

Reference　法令96①，法規25の2，法基通9－6－1～3

DETAIL

1　問 題 点

通信販売やインターネット・ビジネスの台頭等により，社会経済構造の変化が生じており，取引の小口化や匿名性の高い債権が多数存在する結果となっています。これらの取引等から生じた小口債権が消滅時効期間を経過した場合でも，時効や時効期間経過が直接的に税務上の貸倒要件になっていないため，どのように税務処理をしたらよいかという問題があります。

2　消滅時効とは

時効には，消滅時効（権利消滅の効果を認める時効）と取得時効（権利取得の効果を認める時効）がありますが，消滅時効は一定期間権利を行使しない場合に，その権利が消滅してしまうものをいいます。

民法においては，「債権者が権利を行使できることを知った時から５年間行使しないとき又は権利を行使できる時から10年間行使しないときは時効によって消滅する」（民法166）とし，消滅時効を規定しています。他方で，「時効は，当事者が援用しなければ，裁判所がこれによって裁判をすることができない」（民法145）とも規定し，消滅時効には援用が必要な旨を規定しています。

時効援用とは，すでに時効の期間が到来したときに，債権者に対して支払わない旨を伝えることですが，口頭や普通郵便では証明ができないので，一般的には内容証明郵便が利用されます。

この消滅時効と援用の関係については諸説ありますが，判例は，「時効による債権消滅の効果は，時効期間の経過と共に確定的に生ずるものでなく，時効が援用されたときに初めて確定的に生ずるものと解するのが相当」として，不確定効果説の立場をとっているようです（酒井廣幸『時効の管理（新版）』新日本法規出版）。逆に言うと，援用されない場合には債権者と債務者間における債権債務は消滅しないことになります。

3　税法上の取扱い

法人税法上，債権を評価又は消滅させる処理には，貸倒引当金の繰入れ，貸倒損失の計上，売却の３通りの方法が存在します。

なお，法人税法上は，資産の評価損に関する規定（法法33）がありますが，評価損の計上はその会社が倒産手続の申立て等をした場合に限られています。

以下，それぞれの方法について，概説します。

（１）　貸倒引当金の繰入れ

法人税法上の貸倒引当金の繰入れには，個別評価と一括評価があります。

個別評価は，債権評価の一種で，債務者に倒産あるいは債務超過による支払不能等の一定の事由が生じた場合に，その有する金銭債権について一定額を引当金として繰入れする方法です。ここでいう一定の事由とは，次の表に掲げる事由です。

一括評価は，将来の回収不能に備えるため，期末に有する金銭債権全体（個別評価した債権等は除きます）について，過去の貸倒実績率あるいは法定の繰入率を乗じた金額の引当金繰入れをする方法です。

順序としては，まず個別評価の方法によって個別の債権の評価を行い，残りの全体債権について一括評価を行うことになります。

■貸倒引当金の個別評価の類型

類　型	法　令	内　容
長期棚上げ	法令96①一 法規25の２	会社更生法の更生計画認可決定等により，５年を超えて弁済される金額
実質基準	法令96①二	債務超過状態の継続，かつ，事業好転見通しなし，災害，経済事情の急変等による多大な損害発生による債権の一部回収不能見込みの場合の回収不能見込額
形式基準	法令96①三	会社更生法による更生手続開始の申立て等が生じた場合，金銭債権の50%

（注）　貸倒引当金の繰入額からは，担保権実行その他により取り立て見込みがあると認められる金額は控除されます。

貸倒引当金の個別評価において重要なのは，債務者の財政状態や支払能力等をもとにした資力の有無が判定の基準になるという点です。

したがって，債権が消滅時効に該当したというだけでは，貸倒引当金の繰入対象にはならず，消滅時効と共に債務者の資力が喪失し，上記個別評価が認められる３つの類型のいずれかに該当することが，貸倒引当金の繰入要件となります。

(2) 貸倒損失

前述の貸倒引当金の繰入れが間接処理であるのに対して，貸倒損失は最終段階の直接処理です。

つまり，債権が法的に消滅する（法基通９－６－１），債務者の財政状態と支払能力等から債権の全額が回収不能になる（法基通９－６－２），売掛金等について取引停止後１年経過したとき等（法基通９－６－３）の３類型のいずれかに該当する場合，その有する債権について貸倒損失が認められます。

■貸倒損失の類型

類　型	法　令	内　容
法律上の貸倒れ	法基通９－６－１	(1)　更生計画認可の決定，再生計画認可の決定による切捨て額 (2)　特別清算の協定の認可決定による切捨て額 (3)イ　債権者集会の協議決定で合理的基準による負債整理の切捨て額 ロ　金融機関その他あっせんによる契約での切捨て額 (4)　債務超過が相当期間継続している場合の書面による免除額
事実上の貸倒れ	法基通９－６－２	債務者の資産状況，支払能力等からみて全額回収できないことが明確になった場合の全額（損金経理，担保処分要）
形式上の貸倒れ	法基通９－６－３	(1)　売掛債権で，取引停止後1年経過した債権の額 (2)　売掛債権で回収費用で足が出る場合の弁済がない額（損金経理，担保処分，備忘価額要）

貸倒損失においても貸倒引当金同様に，債権が消滅時効に該当したというだけでは要件を満たすことはできません。上記の貸倒損失が認められる３つの類型のいずれかに該当することが必要です。

貴社の対象債権はインターネット取引の少額債権ということですから，前述の資力喪失要件を満たさない場合であっても，形式上の貸倒れの類型に該当する可能性があります。

形式上の貸倒れには２通りの方法がありますが，⑴の取引停止後１年基準の方は，継続取引が要件とされ，また，１年基準は，債務者の資産状態悪化が前提となります（法基通９－６－３（注））。

他方の，⑵の回収費用で足が出るケースは，必ずしも継続取引を要件としていないため，形式上の貸倒れの類型に該当する可能性があります。⑵の適用を受けるためには，回収費用で足が出ることの証明（交通費等の見積りなど），及び，請求したが支払を得られなかったことの証明（請求書の写しや支払を拒絶された書面など）の両方が必要です。

なお，回収費用で足が出るかどうかの判定に際しては，取引先ごとに判定することは認められず，同一地域ごとに判定することとされています。例えば，Ｘ市にＡ社，Ｂ社，Ｃ社があって10万円ずつ合計で30万円の債権があり，回収のための出張旅費等で15万円を要する場合，回収費用15万円が債権総額の30万円を上回らないので，この場合には通達の適用はないことになります（瀬戸口有雄『二訂増補版　否認を受けないための貸倒損失の税務』税務研究会出版局）。

（3）売　　却

債権の売却をした場合には，帳簿価額と売却価額との差額が売却損益として計上されます。

ただし，売却先や売却金額について，通常の経済行為としての客観的な妥当性が求められることになります。

例えば，売却先がグループ会社や役員・親族の場合，売却価額が低廉であった場合には，税務上，債権の消滅として認められないこともあり，この場合，寄附金課税や役員賞与課税の問題が起きる可能性があるので注意が必要です。

Q35 破産と貸倒損失

得意先が自己破産を申し立てました。破産手続によって債権の回収はほぼできないと覚悟していますが，税務上の取扱いはどうなっているのでしょうか。

具体的には，1,000の債権を有し，担保はありません。

A

SUMMARY 破産手続の進行に応じて，税務処理をすることになります。申立て時は債権額の50%を貸倒引当金として計上します。その後，破産管財人等からの通知により配当率（回収率）等が判明した場合には，判明した回収率に応じて貸倒引当金を積み増します。貸倒損失として最終処理できるのは，原則として手続終結時点か手続廃止時点になります。

	貸倒引当金	貸倒損失
破産手続申立て時	50%＝500繰入れ	
↓		
破産手続終結時，又は廃止決定時	500戻入れ	1,000計上 （配当がない場合）

（注）
上記期間中に以下の事実があれば，貸倒引当金の積み増し，あるいは，貸倒損失が認められます。
・配当率等が公表されている ⇒ 貸倒引当金積み増し
・債権放棄した場合 ⇒ 貸倒損失
・売掛債権の形式基準に該当した場合 ⇒ 貸倒損失

Reference 法令96①三，法基通 9－6－1～3

DETAIL

1 問題点

破産手続の場合，貸倒引当金の形式基準により申立て時点で50%計上できることが明記されていますが，貸倒損失の計上時期に関しては明確な規定がありません。

そこで，いつの時点で貸倒損失として最終処理ができるのかが問題となります。

2　申立て時点

貸付先や得意先が，破産手続の申立てをした場合，倒産の状態によって，貸倒引当金として処理するか，又は，貸倒損失として処理することになります。破産手続開始の申立ての段階では，債権額の50％相当額について貸倒引当金を繰入れすることが認められます。すなわち，取引先について，次の事由が生じた場合には，債権（債務者から受け入れた金額があるため実質的に債権とみられない部分の金額及び担保権の実行，金融機関又は保証機関による保証債務の履行その他により取立て等の見込みがあると認められる部分の金額を除きます）の50％相当額について貸倒引当金の繰入れをすることが認められます（法令96①三）。

① 更生手続開始の申立て

② 再生手続開始の申立て

③ 破産手続開始の申立て

④ 特別清算開始の申立て

なお，破産手続開始申立ての時点で，単純に貸倒損失とすることは認められないとする下記の裁決事例があります。

裁決例

（平成9年9月19日裁決，名裁（所・諸）平9－3）

請求人は，売上先が破産の申立てを行う時点で売上先の収支が極めて悪化していることから，売上債権の全額が回収できないことが明らかになったとして，同時点の年分で全額を貸倒損失として必要経費に算入すべきである旨主張する。しかしながら，本件売上債権を放棄することなく，破産手続上その権利を行使

> し配当を受けるため破産債権として届出をしていることからすると，債権調査期日以降でなければ，破産債権が確定せず，破産者（売上先）である債務者の資産状況，支払能力等が確定し得ないのであるから，債権調査期日以降において本件売上債権の全額が回収できないかどうかが明らかになるものと認められ，本件年分において，本件売上債権の全額を貸倒損失とすることはできない。

3　開始決定時点

貸付先や得意先に対して，破産手続開始決定があったとしても，この段階では，いまだ債権の消滅事由は生じていないため，貸倒損失処理は時期尚早です。手続申立て時点又はその後の債権者説明会等において弁済率の見通し等が公表されている場合には，回収不能額部分について貸倒引当金（個別評価）の追加繰入れを検討すべきことになります。

4　破産手続と貸倒処理

破産手続の貸倒れの時期については，税法では明文化されていません。

これは，破産手続では手続上債権が切り捨てられる機会がないためです。

したがって，破産手続における貸倒損失は，以下のいずれかのタイミングで計上することになります。

(1)　法的に債権が消滅したとき

債務者の債務超過の状態が相当期間継続し，その金銭債権の弁済を受けることができないと認められる場合において，その債務者に対し書面により明らかにされた債務免除額について貸倒処理が認められます（法基通９－６－１）。

破産手続の場合においても，債務免除することに経済合理性を有するような場合には，法人税基本通達９－６－１の適用が認められます。

（２）　事実上債権が回収不能となったとき

法人の有する金銭債権につき，その債務者の資産状況，支払能力等からみてその全額が回収できないことが明らかになった場合には，その明らかになった事業年度において貸倒れとして損金経理をすることができます。この場合において，その金銭債権について担保物があるときは，その担保物を処分した後でなければ貸倒れとして損金経理をすることはできません（法基通９－６－２）。

事実上の貸倒れ（法基通９－６－２）を破産手続に当てはめると，同時廃止，異時廃止等により破産手続を終える場合，あるいは，最終配当により手続が集結する場合等が考えられます。

なお，国税不服審判所の裁決によれば，破産の場合の貸倒時期については，破産手続が債権の法律上の切捨て規定を有していないことに鑑みて，裁判所が廃止決定（配当すべき財産がない場合）又は終結決定を行い，法人の登記簿が職権で閉鎖されたときにおいて法人が消滅することから，法人税基本通達９－６－２（事実上の貸倒れ）において貸倒処理できることが明らかにされています。

裁決例

（平成20年６月26日裁決，裁決事例集 No.75）

裁決書（抄）３⑵　貸倒損失が発生した日　抜粋

イ　上記１の⑶のイの(イ)のとおり，法人税法第22条第３項第３号は，内国法人の各事業年度の所得の金額の計算上当該事業年度の損金の額に算入すべき金額として，当該事業年度の損失の額で資本等取引以外の取引に係るものと規定し，また，同条第４項は，同条第３項第３号に掲げる額は，一般に公正妥当と認められる会計処理の基準に従って計算されるものとする旨規定している。

また，法人の有する金銭債権について貸倒れが発生した場合には，その貸倒れによる損失はその法人の損金の額に算入されることとなるが，これは，その貸倒れによって金銭債権の資産価額が消滅すること，つまり，貸倒れによる金銭債権全体の滅失損を意味する。

したがって，法人が所有する金銭債権が貸倒れとなったか否かは，第一次的には，その金銭債権全体が滅失したか否かによって判定され，その債権が滅失している場合には，法人がこれを貸倒れとして損金経理しているか否かにかかわらず，税務上はその債権が滅失した時点において損金の額に算入することとなる。

ところで，法人の破産手続においては，配当されなかった部分の破産債権を法的に消滅させる免責手続はなく，裁判所が破産法人の財産がないことを公証の上，出すところの廃止決定又は終結決定があり，当該法人の登記が閉鎖されることとされており，この決定がなされた時点で当該破産法人は消滅することからすると，この時点において，当然，破産法人に分配可能な財産はないのであり，当該決定等により法人が破産法人に対して有する金銭債権もその全額が滅失したとするのが相当であると解され，この時点が破産債権者にとって貸倒れの時点と考えられる。

なお，破産の手続の終結前であっても破産管財人から配当金額が零円であることの証明がある場合や，その証明が受けられない場合であっても債務者の資産の処分が終了し，今後の回収が見込まれないまま破産終結までに相当な期間がかかるときは，破産終結決定前であっても配当がないことが明らかな場合は，法人税基本通達９－６－２を適用し，貸倒損失として損金経理を行い，損金の額に算入することも認められる。

参考

破産の廃止

- 裁判所は，破産財団をもって破産手続の費用を支弁するのに不足すると認めるときは，破産手続開始の決定と同時に，破産手続廃止の決定をしなければならない（破産法216条第１項）。⇒同時廃止（同時破産廃止）という。
- 裁判所は，破産手続開始の決定があった後，破産財団をもって破産手続の費用を支弁するのに不足すると認めるときは，破産管財人の申立てにより又は職権で，破産手続廃止の決定をしなければならない（破産法第217条第１項前段）。⇒異時廃止（異時破産廃止）という。
- 裁判所は，①債権届出の期間内に届出をした破産債権者の全員の同意を得ているとき，又は②同意をしない破産債権者がある場合において当該破産債権者に対して裁判所が相当と認める担保を供しているとき，のいずれかに該当する破産者の申立てがあったときは，破産手続廃止の決定をしなければならない（破産法第218条第１項）。⇒同意廃止という。

（3） 形式上の貸倒れに該当したとき

債務者について次に掲げる事実が発生した場合には，その債務者に対して有する売掛債権（売掛金，未収請負金その他これらに準ずる債権をいい，貸付金その他これに準ずる債権を含みません）について，法人がその売掛債権の額から備忘価額を控除した残額を貸倒れとして損金経理をしたときは，その処理が認められます。

① 債務者との取引を停止した時（最後の弁済期又は最後の弁済の時が当該停止をした時以後である場合には，これらのうち最も遅い時）以後１年以上経過した場合（その売掛債権について担保物のある場合を除きます）

② 法人が同一地域の債務者について有するその売掛債権の総額がその取立てのために要する旅費その他の費用に満たない場合において，その債務者に対し支払を督促したにもかかわらず弁済がないとき

（注） ①の取引の停止は，継続的な取引を行っていた債務者につきその資産状況，支払能力等が悪化したためその後の取引を停止するに至った場合をいうので，例えば不動産取引のようにたまたま取引を行った債務者に対して有するその取引に係る売掛債権については，この取扱いの適用はありません（法基通９－６－３）。

破産手続の場合においても，形式上の貸倒れ（法基通９－６－３）に該当すれば，貸倒損失処理することが認められます。

関連解説

破産手続とは

破産手続とは，債務者が支払不能等の状況にある場合に，裁判所が債務者の財産を包括的に管理・換価して，優先順位と公平性に配慮して配当する手続です。

1　破産手続の特徴は

破産手続とは，債務者が経済的に破綻し債務の総額を完済できない状態にあり，又は，裁判所がそのような状態にある債務者の財産を包括的に管理・換価して総債権者にその優先順位及び公平性に配慮をして配当する手続です。

破産手続の特徴は，同じ清算型手続の特別清算と比べ手続が厳格なことです。例えば手続の主体は裁判所から選任された管財人に移行すること，否認権制度により詐害的な行為の取戻しができること等が代表的です。

2　破産手続開始の申立て

破産手続は，債務者に破産原因があるときに，申立てによって開始します（破産法30）。法人債務者の破産原因としては，支払不能又は債務超過（財産をもって債務を完済することができない状態をいいます）にあるときをいいます（破産法16）。破産の申立てができるのは，債権者又は債務者です（破産法18）が，実務上は債務者による申立て（自己破産申立て）が大半です。

3　保全処分等

裁判所は，破産手続開始の申立てがあった場合において，必要があると認めるときは，利害関係人の申立て又は職権で申立ての決定があるまでの間，債務者の財産に対してすでにされている強制執行，仮差押え，仮処分などによる競売手続の中止等を命ずることができます（破産法24）。また，裁判所は，破産手続開始の申立てがあった場合において，中止の命令によっては破産手続の目的を十分に達成することができないおそれがあると認めるべき特別の事情があるときは，利害関係人の申立てにより又は職権で，破産手続開始の申立てにつき決定があるまでの間，すべての債権者に対し，債務者の財産に対する強制執行等及び国税滞納処分（国税滞納処分の例による処分を含み，交付要求を除きます）の禁止を命ずることができます（破産法25）。さらに，裁判所は，破産手続開始の申立てがあった場合には，利害関係人の申立てにより又は職権で，破産手続開始の申立てにつき決定があるまでの間，債務者の財産に関し，その財産の処分禁止の仮処分その他の必要な保全処分を命ずることができることとされています（破産法28）。

4　破産手続開始決定

破産手続開始の申立てがあると，裁判所は，申立書その他の提出書類から破産原因の存在を審理し，審理の結果，破産原因が存在すれば裁判所は破産手続開始決定をなし，破産管財人を選任します（破産法30・31）。

破産手続開始決定後は，債務者は一切の管理処分権を失うので，破産手続開始決定後における債務者の財産に関する行為はすべて裁判所及び破産管財人が行うこととなります。

5　破産管財人

破産手続では，裁判所により破産管財人が選任されます。破産法によれば法人も認められるので，弁護士法人も対象になります（破産法74）。

破産管財人の主な職務は，次のとおりです。

①　破産財団の占有・管理・処分に関する職務

②　破産債権の確定に関する職務

③　破産債権者への配当に関する職務

④　その他

6　破産財団

破産者が破産手続開始のときにおいて有する一切の財産は破産財団となります（破産法34）。この破産財団の管理処分権は破産管財人に専属し，破産者はこれらの財産を管理処分できなくなります。また，破産管財人による換価・処分のうち不動産の売却など一定のものは裁判所の許可が必要です（破産法78）。

7　財産評定

破産管財人は，破産手続開始後遅滞なく，破産財団に属する一切の財産につき，破産手続開始の時における価額を評定し，評定完了後，直ちに破産手続開始時の財産目録及び貸借対照表を作成し，裁判所に提出しなければならないこととされています。ただし，破産財団の財産総額が1,000万円未満の場合で裁判所の許可を受けた場合は除かれます（破産法153，最高裁判所破産規則52）。

8　債権届出，調査，確定

破産債権者は，裁判所の定めた債権届出期間内に破産債権を届出する必要があります。この債権届出によって破産債権者は配当手続に参加することができます（破産法111）。

破産管財人は，届出のあった破産債権の内容等について，裁判所の定める期限までに債権の調査を行い，その調査の結果に基づきその認否を行います（破産法117）。破産管財人が届出債権を認め，かつ，届出をした債権者が異議を述べなかった時はそれで債権は確定し（破産法124），また，届出債権につき異議を申し述べたときは債権者はさらに証拠を提出等し，なお争いがあれば債権確定訴訟を提起するということになります。

9　債権者集会

破産手続においては，裁判所において債権者集会が開催されます（破産法135）。この債権者集会には，次のようなものがあります。

第１回目に開かれる財産状況を報告するための債権者集会は，第１回債権者集会，あるいは，財産状況報告集会と称されます。破産管財人は，この債権者集会において債務者が破産手続開始に至った事情，破産者及び破産財団に関する経過と現状等の要旨を報告します（破産法158）。また，債務者の破産時の貸借対照表及び財産目録を明らかにし，配当への大まかな見込みを開示する場合もあります。

破産管財人の計算の報告のための債権者集会は，破産管財人が任務を完了するためのものです（破産法88③）。破産債権者は，報告により管財業務の結果を知ることができ，破産管財人にこの義務を課すことで管財業務の適正な遂行を図ることができます。ただし，この段階までくると現実に債権者集会に出席する債権者は少ないため，裁判所に書面による計算の報告をする旨申立てることができることとされています（破産法89①）。

■債権者集会の類型

破産財団の状況を報告するための財産状況報告集会
財産状況報告集会以外の債権者集会
- 異時廃止の決定をする際の意見聴取のための債権者集会
- 破産管財人の計算の報告のための債権者集会
- その他の債権者集会

10　配　　当

債権の調査等が完了し，また，債務者の財産の換価・回収が終了した後において債権者に対するいわゆる配当手続が行われます（破産法195）。

この配当手続は，破産管財人が回収した破産財団において公租公課等の財団債権を支払った後，残余の財産があるうちからまず労働債権等の優先破産債権に対して配当が行われ，その後に普通破産債権（仕入先の支払手形・買掛金・借入金等）に対して債権額に応じた配当がなされます（破産法194）。

なお，抵当権及び質権等を有する債権者は別除権者として上記配当手続によらずに別途の権利行使が可能とされています。また，債務者の従業員の未払給与等については，労働債権として一般債権より優先権があります。

また，配当すべき財源が回収できない場合においては，配当手続は行われない場合があります。

11　終　　結

裁判所は，最後配当などが終了した後，破産管財人の任務終了による債権者集会が終結したとき等の場合，破産手続終結の決定をします（破産法220）。なお，破産手続の申立てから配当に至るまでの期間は１年～２年以上かかることがあります。

■破産手続の流れ

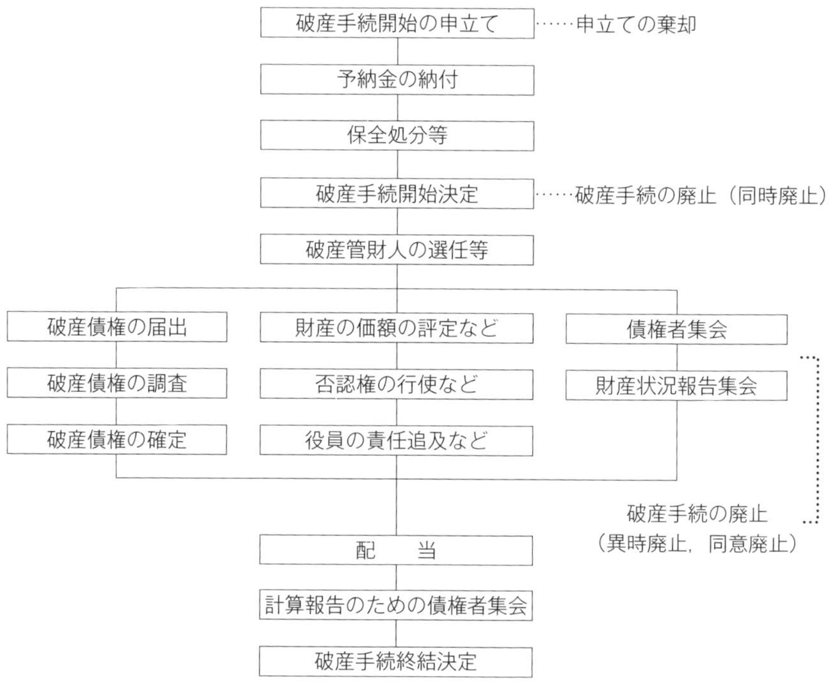
破産手続開始の申立て
……申立ての棄却
予納金の納付
保全処分等
破産手続開始決定
……破産手続の廃止（同時廃止）
破産管財人の選任等
破産債権の届出
破産債権の調査
破産債権の確定
財産の価額の評定など
否認権の行使など
役員の責任追及など
債権者集会
財産状況報告集会
破産手続の廃止
（異時廃止，同意廃止）
配　　当
計算報告のための債権者集会
破産手続終結決定

Q36 特別清算と貸倒損失

得意先が特別清算手続を申し立てました。特別清算手続によって債務の弁済がどうなるのか債務者や代理人弁護士からいまだ説明はありませんが，税務上の取扱いはどうなっているのでしょうか。

具体的には，1,000の債権を有し，担保はありません。

A

SUMMARY　特別清算は，グループ会社の清算でよく用いられる手続です。商取引先に対しては大きな債権カットは求めずに，親会社が大半の損失を負担するケースでよく用いられます。特別清算の場合も手続の進行に応じて，税務処理をすることになります。申立て時には債権額の50%を貸倒引当金として計上できます。その後，清算人等からの通知により配当率（回収率）等が判明した場合には，判明した回収率に応じて貸倒引当金を積み増します。貸倒損失として最終処理できるのは，協定時になります。

	貸倒引当金	貸倒損失
特別清算申立て時	50%＝500繰入れ	
↓		
協定時，又は和解時	500戻入れ	1,000計上 （配当がない場合）

（注）
上記期間中に以下の事実があれば，貸倒引当金の積み増し，あるいは，貸倒損失が認められます。
・配当率等が公表されている ⇒ 貸倒引当金積み増し
・債権放棄した場合 ⇒ 貸倒損失
・売掛債権の形式基準に該当した場合 ⇒ 貸倒損失

Reference　法令96①三，法基通９－６－１

DETAIL

1　問 題 点

特別清算は破産と並ぶ解散清算型の法的手続です。

倒産手続ですから，債務者から債務免除の要請を受けるケースもあって，債権者としては，いつ，どのように貸倒処理できるのかが問題になります。

2　手続の申立て時点

貸付先や得意先が，特別清算手続の申立てをした場合，倒産の状態によって，貸倒引当金として処理するか，又は，貸倒損失として処理することになります。

特別清算手続の申立ての段階では，債権額の50％相当額について貸倒引当金を繰入れすることが認められます。すなわち，取引先について，次の事由が生じた場合には，債権（債務者から受け入れた金額があるため実質的に債権とみられない部分の金額及び担保権の実行，金融機関又は保証機関による保証債務の履行その他により取立て等の見込みがあると認められる部分の金額を除きます）の50％相当額について貸倒引当金の繰入れをすることが認められます（法令96①三）。

①　更生手続開始の申立て

②　再生手続開始の申立て

③　破産手続開始の申立て

④　特別清算開始の申立て

3　開始決定時点

貸付先や得意先に対して，特別清算手続開始命令があったとしても，この段階では，いまだ債権の消滅事由は生じていないため，貸倒損失処理は時期尚早です。手続申立て時点又はその後の債権者説明会等において弁済率の見通し等が公表されている場合には，回収不能額部分について貸倒引当金（個別評価）の追加繰入れを検討すべきことになります。

4　特別清算手続と貸倒処理

貸付先や得意先につき，次の事由があった場合において，その決定により切り捨てられることとなった部分の金額については，貸倒損失を計上することができます（法基通９－６－１）。

①　更生計画の認可の決定

②　特別清算に係る協定の認可

③　再生計画の認可の決定

したがって，特別清算手続の協定認可により，切り捨てられる部分の債権については貸倒損失として処理することができます。

また，個別的に債権放棄をした場合や売掛債権の形式上の貸倒れに該当した場合にも貸倒損失が認められます（**Q35**破産と貸倒損失参照）。

5　関連判例

平成29年７月26日，東京高裁において，基本通達９－６－１⑵（特別清算協定認可の決定に係る貸倒損失）は「特別清算に係る協定認可の決定があった場合」に限定して損金算入を認めており個別和解の場合は該当しないこと，その他本件の場合は基本通達９－６－１⑷（回収不能な債権の免除に係る貸倒損失），及び基本通達９－４－１（子会社を整理する場合の損失負担等），並びに基本通達９－４－２（子会社等を再建する場合の無利息貸付等）いずれにも該当しないと判示されました。従前，子会社の整理においては，親会社が社会的責任等から子会社債権の大部分を負担せざるを得ないといった状況を前提として特別清算の個別和解を選択するケースが多かったと理解しておりますが，特別清算の個別和解では貸倒損失の要件を欠くということが本判決によって示されたので，今後の実務においては十分な注意が必要です。

関連解説

特別清算手続とは

特別清算は，債務者に債務超過の疑いがある場合等に，債権者や株主の利益を守るために裁判所に適切な監督をさせつつ，破産より簡易迅速を旨とした倒産処理手続です。

1　特別清算手続の特徴は

特別清算手続は，清算中の株式会社の清算の遂行に著しい支障を来すべき事情がある場合，又は，債務超過の疑いがある場合（会社法510）に，債権者や株主の利益を保護するための倒産処理手続です。

その特徴としては，同じ清算型手続の破産手続と比べ簡易で柔軟なこと，対象は株式会社に限られること，手続の主体は清算人によって行われるので，従来の取締役がスライドすることが多く安心感があることがあげられます。

反対に否認権の制度がないなど，経営者等の責任追及には限界があります。

2　特別清算開始の申立て

特別清算開始は，解散等により清算手続中の株式会社が申立てできます。

清算株式会社に債務超過の疑いがあるときは，清算人は特別清算開始の申立てをしなければなりません（会社法511②）。申立てが認められる者は，債権者，清算人，監査役又は株主に限られます（会社法511）。

3　特別清算開始の命令

裁判所は，特別清算開始の申立てがされると，特別清算開始の原因となる事由（債務超過の疑い，清算の遂行に著しい支障を来すべき事情）があるか否か等を審理し，開始要件を満たしているときは，特別清算の開始を命ずることとされています（会社法514）。

4　保全処分

裁判所は，特別清算開始の命令があった場合において，清算の監督上必要があると認めるときは，清算人，監査役，債権者若しくは株主の申立てにより又は職権で，清算株式会社の財産に関し，その財産の処分禁止の仮処分その他の必要な保全処分を命ずることができることとされています（会社法540）。

5　担保権実行の中止命令

特別清算手続において，担保権の実行は禁止・中止の対象にはなりませんが，債権者一般の利益に適合し，かつ，実行手続の申立人に不当な損害を及ぼすおそれがないと認めるときは，裁判所は，清算人，監査役，債権者若しくは株主の申立てにより又は職権で，相当の期間を定めて担保権の実行手続の中止を命じることができます（会社法516）。

6　特別清算手続の機関

特別清算開始の命令があったときは，清算株式会社の清算は裁判所の監督に属することになります（会社法519）。裁判所は清算人が清算事務を適切に行っていないとき等の清算人の解任権，清算人が欠けたとき等の選任権を有します（会社法524）。

清算人は，特別清算開始により，債権者，清算株式会社及び株主に対し，公平かつ誠実に清算事務を行う義務を負う（会社法523）ものとされ，委任関係にある普通清算の清算人とはその立場が変わることとなります。清算人は，特別清算開始後も清算事務を遂行し，現務の結了，債権の取立てや債務の弁済等を行います。また，普通清算の規定に従い，財産目録等の作成，提出に加えて，特別清算手続の場合は裁判所への提出が必要となり（会社法521），業務及び財産の状況の調査結果や財産目録等の要旨の報告を債権者集会で行うことが必要になります（会社法562）。

また，特別清算手続の場合，監督委員の制度が設けられています。

一定金額以上の財産処分，借財などの行為について，原則，裁判所の許可事項とした上で，監督委員に裁判所の許可に代わる同意権を付与しました（会社法535）。また，監督委員は，清算人等に対して事業の報告を求め，業務及び財産の状況を調査することなどの権限を有します（会社法530）。

7　債権者集会

特別清算手続の債権者集会は，次の目的のために開催されます。

① 業務，財産状況の調査結果及び財産目録等の要旨の報告，並びに清算の実行方針，見込みに関する意見陳述のため（会社法562）

② 協定の申出（会社法563）

ただし，債権者集会に対する報告及び意見陳述以外の方法により報告すべき事項及び意見の内容を債権者に周知させることが適当と認められる場合には，債権者集会の開催を省略できることとされています（会社法562但書）。

8　協　定

特別清算手続の場合，債務の弁済ができない部分は債務免除を受けることが清算の事実上の要件となるので，債権者との間で個別の和解をするか，あるいは，債権者数が多い場合や和解に応じない債権者がいる場合には，多数決原理が働く協定を用いることになります。

協定は，清算会社が作成し，債権者集会に対して申し出をすることができます（会社法563）。協定は，協定債権者（担保権の行使によって弁済を受けることができる部分を除きます）の権利の全部又は一部の変更に関する条項を定めなければなりません（会社法564）が，権利の変更は協定債権者間において原則として平等でなければなりません（会社法565）。ただし，不利益を受ける債権者の同意がある場合や少額債権者の特例があります（会社法565但書）。

協定は，債権者集会において，出席した議決権者の過半数の同意，及び，議決権者の議決権の総額の３分の２以上の議決権を有する者の同意のいずれも満たす必要があります（会社法567）。協定が可決すると，不認可事由に該当しない限り，裁判所は協定の認可決定をします（会社法569）。

9　特別清算手続の終了

特別清算が結了したとき，又は，特別清算の必要がなくなったときは，裁判所は，清算人，監査役，債権者，株主等の申立てにより特別清算終結決定を行い，特別清算は終了することになります（会社法573）。

■特別清算の流れ

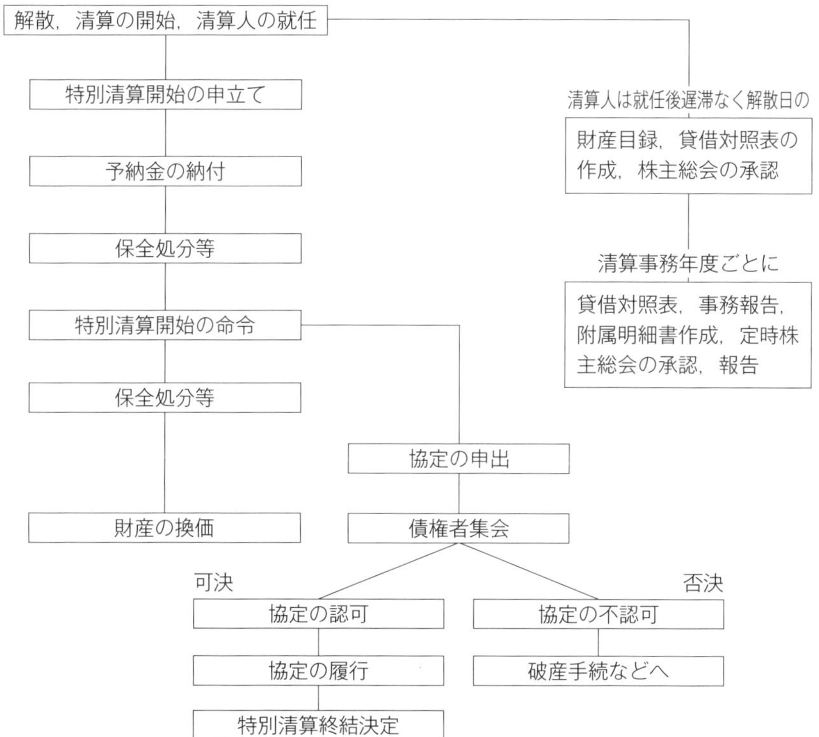

※特別清算には，上記の協定型（多数決）のほか，関係者が少ない場合や親会社が子会社を清算する際に用いられる個別和解型（個別に和解）があります。

Q37 解散（普通清算手続）と貸倒損失

得意先が解散しました。解散によって債務の弁済がどうなるのかについて，いまだ債務者から説明はありませんが，税務上の取扱いはどうなっているのでしょうか。

A

SUMMARY 解散は，会社の清算手続の共通の入口にあたり，その後，普通清算手続か特別清算手続かいずれかのコースに分かれます。

簡単にいうと，普通清算手続は資産超過の場合に用いられ，特別清算手続は債務超過の場合に用いなければならない手続です。このうち，普通清算手続は資産超過の場合の手続なので債権のカットは通常は起こり得ず，債権者は100%の債権回収ができます。

つまり，通常は，貸倒処理をすることは認められないことになります。

中には，普通清算手続において，債務免除を得ることで資産超過にする私的整理方式もあるので，そのような場合には債務免除時に貸倒損失を計上します。ただし，特定の債権者にのみ債務免除を求める行為は，寄附金課税の問題を内包しているので十分な注意が必要です。

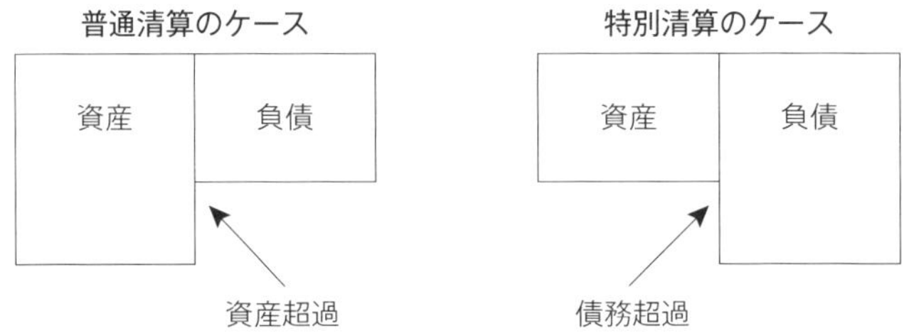

DETAIL

1 問題点

会社の生涯を終える法律上の手続には，普通清算手続，特別清算手続，破産手続があります。

後者２つは倒産手続と呼ばれ，貸倒引当金の計上や貸倒損失処理が認められていますが，普通清算手続は貸倒規定に明記されていません。

そこで，普通清算手続の場合に，貸倒れが認められるのか否かが問題です。

2　普通清算手続と貸倒れ

普通清算手続は，債権の回収ができる（できなければ特別清算手続又は破産手続に移行）手続なので，貸倒れの問題は起き得ないのが原則です。

つまり，通常は，貸倒処理をすることは認められないことになります。

ただし，私的整理手続で個別に債権放棄をした場合などは，寄附金課税の問題がある場合を除き，放棄した金額は貸倒損失として損金処理できます。

Q38 長期棚上げ債権と貸倒れ

民事再生手続によって以下のように再生債務の弁済が10年間で行われることになりました。この場合，貸倒規定の適用はどのようになるのでしょうか。

再生手続認可決定日　X1年２月８日
決算日　３月31日
債権　100
10年分割均等弁済　（10×10回）
弁済開始日　X2年２月８日

A

SUMMARY 特定事由が生じた事業年度終了日の翌日から５年を経過する日までの弁済予定金額を超える部分の金額について，貸倒引当金を計上できます。

上記の設例における特定事由日（法人税法施行令96条１項１号に掲げる事由が生じた日）は，再生計画認可決定日のX1年２月８日となります。特定事由日の属する事業年度終了日はX1年３月31日となるので，その翌日から５年を経過する日はX6年３月31日となります。

この日までに弁済される予定額は50なので，残余の50（100－50）について貸倒引当金を計上することができるということになります。

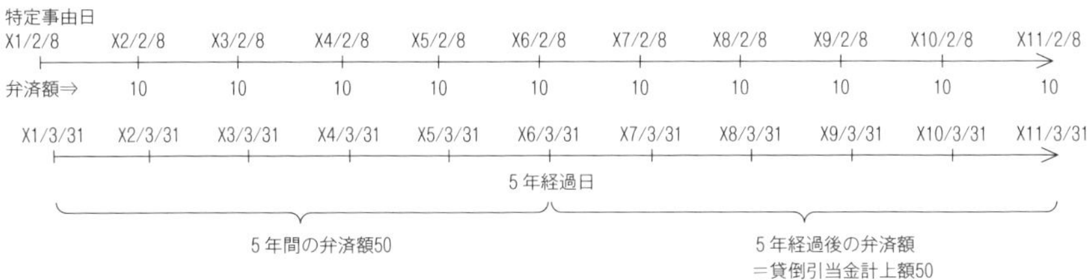

Reference　法令96①一

DETAIL

1　問 題 点

民事再生手続においては，再生計画において債権の弁済を長期の分割払いとするケースが少なからずあります。例えば，再生計画の最長期間とされる10年間で債権額の100％が弁済される計画の場合，貸倒引当金を計上できるのか，計上できる場合にはどのように計算するのかが問題となります。

2　再生計画

民事再生手続の再生計画において，債務の弁済方法には一括弁済方式，分割弁済方式，折衷方式があります。どの方法にしなければいけないというわけでなく，スポンサーの意向，債務会社の財務状況や支払能力，再生計画に係る票読み（再生計画について賛成得票数の予想を立てる）等を総合勘案して決められます。かつてM&Aが活発に行われていた時代はスポンサーからの資金注入で一括弁済する方式が多く見受けられましたが，最近は債務者の自力再生型が多く，必然的に債務の弁済も長期分割弁済方式が多いようです。

3　長期棚上げ債権の取扱い

次の法的手続等によって，金銭債権の弁済を猶予され，又は賦払により弁済される場合，その事由が生じた日の属する事業年度終了の日の翌日から5年を経過する日までに弁済されることとなっている金額以外の金額（担保権の実行その他によりその取立て又は弁済の見込みがあると認められる部分の金額を除きます）については，貸倒引当金の繰入れが認められます（法令96①一）。

①　更生計画認可の決定

②　再生計画認可の決定

③　特別清算に係る協定の認可

④　法令の規定による整理手続によらない関係者の協議決定で次に掲げるもの

⑴　債権者集会の協議決定で合理的な基準により債務者の負債整理を定めているもの

⑵　行政機関，金融機関その他第三者のあっせんによる当事者間の協議により締結された契約でその内容が⑴に準ずるもの

本事例では，②＝再生計画認可の決定が該当します。

Q39 不動産で債権回収した場合の貸倒損失の計算

当社は取引先に対して開業時の資金を支援する目的で貸付金1,000万円を有していましたが，残念ながらその取引先は倒産してしまいました。貸付金の担保として預っていた不動産の売却を進めてきましたが，不動産市況が悪くなかなか売れないので，当社が代物弁済を受けることとしました（不動産鑑定士による鑑定評価額600万円）。代物弁済後の貸付金残高400万円は，回収の見込みがまったくないため貸倒損失処理したいと考えています。税務上，このような処理は認められますか。

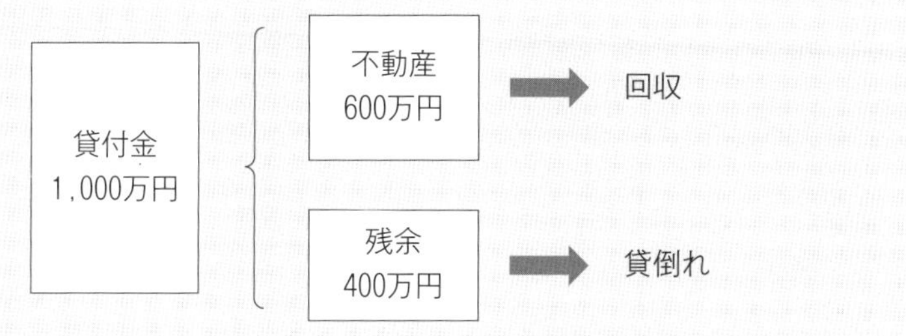

A

SUMMARY　不動産鑑定士による鑑定額が公正妥当な正常価額であるとすれば，担保処分後の残余の貸付金400万円は貸倒損失の対象になります。ただし，事実上の貸倒規定は，あらゆる回収努力をした上で回収できない場合に適用が認められる点に注意が必要です。

Reference　法令54，法基通９－６－２

DETAIL

1　問題点

固定資産の取得価額と貸倒損失が絡んだ問題です。

担保不動産を第三者に譲渡し残債が回収できない場合と担保不動産を自己取

得した場合とを同じように考えてよいかどうかが問題になります。

2　固定資産の取得価額

固定資産の取得価額は，購入対価に付随費用を加えた金額（法令54①一），あるいは，購入対価が時価よりも低廉な場合には，取得に通常要する価額に付随費用を加えた金額（法令54①六）です。取得に通常要する価額とは，いわゆる再調達価額を指すため，不動産鑑定士による鑑定評価額が公正な正常価額であれば再調達価額として認められるものと考えられます。

●法人税法施行令54条　減価償却資産の取得価額

減価償却資産の第48条から第50条まで（減価償却資産の償却の方法）に規定する取得価額は，次の各号に掲げる資産の区分に応じ当該各号に定める金額とする。

一　購入した減価償却資産　次に掲げる金額の合計額

　イ　当該資産の購入の代価（引取運賃，荷役費，運送保険料，購入手数料，関税（関税法第２条第１項第４号の２（定義）に規定する附帯税を除く。）その他当該資産の購入のために要した費用がある場合には，その費用の額を加算した金額）

　ロ　当該資産を事業の用に供するために直接要した費用の額

二～五　省略

六　前各号に規定する方法以外の方法により取得をした減価償却資産　次に掲げる金額の合計額

　イ　その取得の時における当該資産の取得のために通常要する価額

　ロ　当該資産を事業の用に供するために直接要した費用の額

なお，土地の評価にあたって，路線価を80％で割って時価を簡易算定する方法が判例において認められています。

判例

判決では，債権放棄をした場合に，その放棄した金額を損金に算入できる基準を定めている法人税基本通達９－６－１(4)と９－４－２について，債権放棄に経済的合理性があるかどうかを判断する基準として相当なものと認められるとして，通達の基準に合致するかどうかという観点から検討が行われている。

そして，債権放棄に経済的合理性があるかどうか，債務者に支払能力がなく回収不能といえるかどうかは，債務者の有する財産を換価することにより，実際にどれだけの支払原資が得られるかを基準に判断すべきとした。

その上で，製造会社が債権放棄したことについては，相当な理由があったとは認められないとしている。

また，土地の評価について，地価公示は，土地の正常な価格，すなわち，自由な取引が行われるとした場合におけるその取引において通常成立すると認められる価格によって行われるものとされていること，これに対し，路線価は，取引によらない偶発的な原因により生ずる相続税額を算定する際に基礎とされるものであって，地価公示価格の80％を目途とした控えめな評価によるものとされていることからすれば，課税当局が路線価を0.8で除した価額を土地の時価相当額とみなし，これをもとに関係会社が債務超過の状態になかったものと判断したことは相当性を有するとの判断を示し，製造会社の請求を棄却している。

（出所）『税務通信』No.2994，平成19年11月26日

3　貸倒損失

固定資産の取得価額を超える部分の貸付金残額は，取引先に利益供与したものでもありませんし，回収努力をした上で回収できなかったものであれば，貸倒損失の対象になるものと考えます。

なお，法人税基本通達９－６－２の事実上の貸倒規定は，あらゆる回収努力を行った上で回収ができない場合に適用があるため，この点については**Q19**を参照してください。

Q40 民事再生手続と貸倒れ

得意先が民事再生手続開始の申立てをしました。当社の有する売掛金については，どの時点で，どのように処理をしたらよろしいでしょうか。

具体的には，1,000の債権を有し，担保はありません。

A

SUMMARY 再生手続開始の申立て時点で，債権額の50%相当額500について貸倒引当金（個別評価）を繰り入れることができます。再生計画の認可決定により債務免除が確定した再生債権800（20%弁済を想定）は法律上の貸倒れに該当するため，認可決定日の属する事業年度において貸倒損失の計上が認められることになります（法基通 9－6－1）。

	貸倒引当金	貸倒損失
再生手続申立て時	50%＝500繰入れ	
↓		
認可決定時（20%弁済）	500戻入れ	800計上

（注）
上記期間中に以下の事実があれば，貸倒引当金の積み増し，あるいは，貸倒損失が認められます。
・弁済率等が公表されている⇒貸倒引当金積み増し
・債権放棄した場合⇒貸倒損失など

Reference 法令96，法基通 9－6－1

DETAIL

1 問題点

民事再生手続は，手続申立てから認可決定まで約半年で行われるスピーディな手続です。申立てから認可決定の間に債権調査・認否，再生計画の議決，権利変更がなされますが，債権者の立場で見た場合に，どの時点で，どのように税務処理をしたらよいのかが問題となります。

2 取引先が民事再生手続開始の申立てをした場合の税務処理

民事再生手続の進捗によって債権の償却をどのようにするかについて解説します。

(1) 民事再生手続開始の申立てがあったとき

取引先が民事再生手続開始の申立てをした場合，その時点で債権額1,000の50%相当額500について貸倒引当金（個別評価）を繰り入れることが認められます（法令96①三）。

対象となる債権額からは，その債務者から受け入れた金額があるため実質的に債務とみられない部分の金額や担保権の実行，金融機関又は保証機関による保証債務の履行その他による取立て等の見込める金額は除かれます。

なお，貸倒引当金の個別評価額は50%を繰入上限とするものでなく，債務者の現況等を勘案して回収不能額部分の引当てを認めるものです（法令96①二）。申立書や債務会社からの説明資料等を通じ債務者の資産状況，支払能力，担保の徴収状況等から，50%を超える金額の回収が困難と判断されるケースでは，かかる状況を考慮した上での個別評価を検討すべきといえます。

(2) 再生手続開始決定があったとき

東京地裁の場合，現在申立てから約２週間で開始決定をしています。しかし，民事再生手続開始決定の段階では，いまだ債権の消滅事由は生じていないため，貸倒損失処理は時期尚早です。申立て時点又はその後において弁済率の見通し等が公表されている場合には，回収不能額部分について貸倒引当金（個別評価）の追加繰入れを検討することになります（法令96①二）。

(3) 債権調査で届出を失念した債権は？

再生手続開始決定があると，再生債権者は裁判所の定めた所定の届出期間内に所定の要件を具備して，裁判所に債権の届出を行い（民再法94），債権の認否を受けなければならないこととされています（民再法100）。この届出を失念し，再生手続に参加できなくなった場合には，再生計画認可決定時に債権が正式に失効することになるので（民再法178），その認可決定を含む事業年度において貸倒損失処理することになります（届出を失念した年度ではない）。また，債権調査の結果，その届出債権が否認された場合には，否認の内容によってケース・バイ・ケースの取扱いになります。

(4) 債権調査で変更された債権は？

別除権（例えば不動産抵当権）として回収できると認識していた債権が，債権調査等で再生債権とされることがあります。例えば，債権が1,000あって不動産担保で全額カバーできると認識していたところ，不動産時価が800とされたので差額200（1,000－800）部分が再生債権になるようなケースです。

このような場合には，これらの事実に該当した事業年度末において，もともとの再生債権に合算した再生債権合計額に対して50％の貸倒引当金（個別評価）を繰入れすることが認められます。

(5) 少額弁済による債権の取下げのとき

中小企業者で弁済を受けないと事業の継続に著しい支障を来すおそれがあるとき，又は，少額債権者（実務的には数万円以下が少額の範囲とされます）については，裁判所の判断で弁済を許可できることになっています（民再法85②⑤）。その際，弁済の見返りに残債権の取下げを条件とする場合があり，債権者がこれに応じて再生債権の取下書を裁判所に提出すると，その債権は書面をもって放棄したことになり法的にも債権が消滅するため，貸倒損失処理が認められることになります（法基通９-６-１）。

（6）　再生計画の認可決定により債務免除が決定したとき

債権者集会で再生計画案が可決（出席再生債権者の過半数で議決権の２分の１以上の賛成）されると，裁判所は再生計画不認可の事由に該当しない限り，再生計画認可の決定をしなければならないこととされています（民再法174)。再生計画認可決定により，債務免除が確定した再生債権は法律上の貸倒れに該当するため，認可決定日の属する事業年度において貸倒損失の計上が認められることになります（法基通９-６-１)。

（7）　再生計画による債務免除が将来の弁済完了時となっているとき

再生計画によっては，債務免除の時期を認可決定時とするもの，将来の弁済完了時とするもの等があります。将来の弁済完了時の場合には，弁済完了するまでは債務免除の法律効果が働かないため，弁済完了時まで貸倒損失は認められないことになります。この場合には，それまでの間は貸倒引当金を計上することになります。

（8）　再生計画の認可決定により棚上げされた債権

再生計画の認可決定により，債権が棚上げ又は年賦償還されることがあります。認可決定のあった事業年度終了の日から５年経過日以降に弁済されることとなった金額については，貸倒引当金（個別評価）を繰入れすることが認められます（法令96①一)。詳細は**Q3**を参照してください。

関連解説

民事再生手続とは

民事再生手続は，経済的に窮境にある債務者について，債権者の同意を得て裁判所の認可を受けた再生計画を定めることによって，債務者の事業の再生を図る手続です。

1　民事再生手続の特徴は

民事再生手続の特徴は，手続主体が原則として債務者にあること，申立てから認可決定まで約６ヵ月で進むスピーディさを有すること等です。

2　民事再生手続の申立て

債務者に破産手続開始の原因となる事実の生ずるおそれがあるとき，あるいは，事業の継続に著しい支障を来すことなく弁済期にある債務を弁済することができないときに，債務者は，裁判所に対し，再生手続開始の申立てをすることができます（民再法21）。

法人債務者の破産手続開始の原因としては，支払不能又は債務超過にあるときが該当します。破産手続開始の原因となる事実の生ずるおそれがあるときには，債権者も申立てできます（民再法21②）が，債権者申立てはあくまでも例外ケースです。

3　保全処分等

裁判所は，再生手続開始の申立てがあった場合において，必要があると認めるときは，利害関係人の申立てにより又は職権で，再生手続開始の申立てについての決定があるまでの間，仮差押え，仮処分その他の保全処分（民再法30），他の手続の中止命令（民再法26），強制執行等の包括的禁止命令（民再法27），相当の期間を定めて担保権の実行手続の中止命令（民再法31）を命ずることができます。実務的には，弁済禁止の保全処分によって，手続申立て以前の原因の債務については弁済が禁止されます。

4　再生手続開始決定

裁判所は，債務者に手続開始原因が認められ，申立棄却事由に該当する場合を除き，再生手続開始の決定をします（民再法33）。実務的には，裁判所が再生債務者を監督するため，監督委員が選任されます（民再法54）。

5　再生債権の届出，調査，確定

再生手続に参加しようとする再生債権者は，債権届出期間内に，裁判所に債権の届出をしなければなりません（民再法94）。この届出を怠ると失権するおそれがあります（民再法178）。

再生債務者は，届出を受けた債権について再生債権の内容及び議決権についての認否を記載した認否書を作成します（民再法101）。認否書に記載された再生債権について一般調査（民再法102），特別調査（民再法103）を経て債権が確定しますが，確定した再生債権は再生債権者の全員に対して確定判決と同一の効力を有します（民再法104）。

6　財産評定等

再生債務者は，再生手続開始後遅滞なく，再生債務者に属する一切の財産につき再生手続開始の時における価額を評定し，財産目録及び貸借対照表を作成して裁判所に提出します（民再法124）。この財産評定の評価基準は，処分価額によることとされています（民再法規則56）。

この財産評定によって，清算価値の算定及び予想配当率の試算が可能となります。債権者にとって，債権のうちどれだけ回収ができるかをみる上で有用な資料となります。

7　再生計画案の作成

再生債務者は，債権届出期間の満了後裁判所の定める期間内に，再生計画案を作成して裁判所に提出しなければなりません（民再法163）。再生計画は，財産評定，債権の確定，事業計画等を総合して作成します。再生会社にとっては，その後の経営の指針となる計画です。

8　再生計画案の決議

再生計画案の提出があったときは，裁判所は，再生計画案を決議に付する旨を決定します（民再法169）。

参考

それぞれの倒産手続と貸倒規定（貸倒引当金，貸倒損失）の関係図

		貸倒引当金		
		申　立	開始決定	認可決定等
法的整理	会社更生法	50/100相当額（法令96①三イ）		事由日年度から5年経過日後の回収額（法令96①一イ）
	民事再生法	50/100相当額（法令96①三ロ）		事由日年度から5年経過日後の回収額（法令96①一ロ）
	破産法	50/100相当額（法令96①三ハ）		
	会社法（特別清算）	50/100相当額（法令96①三ニ）		事由日年度から5年経過日後の回収額（法令96①一ハ）
私的整理（例） ・特定調停 ・再生支援協議会など	債権者集会の協議決定			事由日年度から5年経過日後の回収額(法規25の２一)
	行政機関，金融機関その他第三者あっせんにより締結された契約			事由日年度から5年経過日後の回収額(法規25の２二)
	その他	↓		↓
		取立て等見込み額除く（保証は銀行等に限る）		取立て等見込み額除く

【法令96①二】…実質基準
債務者につき債務超過相当期間継続＋事業好転見通しなし，災害・経済事情の急変等により多大な損害の場合→取立て等見込みない額
【法基通９－６－２】…実質基準
債務者の資産状況，支払能力等から全額の回収不可が明らかな場合（有担保は×）→損金経理前提に貸倒れ

貸倒損失		
申　　立	開始決定	認可決定等
		切捨て額（法基通９－６－１(1)）
		切捨て額（法基通９－６－１(1)）
		実質基準（法基通９－６－２）
		切捨て額（法基通９－６－１(2)）
		切捨て額（法基通９－６－１(3)イ）
		切捨て額（法基通９－６－１(3)ロ）
		債務超過継続等に基づく債務免除（法基通９－６－１(4)）

（上記(3)イ・(3)ロ・(4)について）国税庁質疑応答事例（法人税）において，特定調停における放棄も該当する旨明示されている

【法基通９－６－３】…売掛債権形式基準

(1)　継続的取引の停止（あるいは弁済期）から１年経過（有担保は×）
(2)　少額債権

→備忘価額を控除し損金経理にて貸倒れ

再生計画案を可決するには，出席した議決権者の過半数であって，出席議決権者の議決権の2分の1を超える議決権の同意が必要です（民再法172の3）。

9　再生計画の認可決定

再生計画案が可決された場合には，裁判所は，不認可事由に該当する場合を除き，再生計画認可の決定をします（民再法174）。

10　再生計画認可後の手続

再生会社は，再生計画が認可されると再生計画に基づいて債務の弁済を行う必要があります。例えば，5年間の分割弁済計画であれば，計画に示された時期に示された方法（通常は振込み）によって債権者ごとに債務の弁済を行っていきます。

裁判所は，監督委員が選任されている場合は再生計画が遂行されたとき，又は再生計画認可の決定が確定した後3年を経過したときに再生手続の終結決定がなされます（民再法188②）。

再生計画の履行が困難になった場合の再生計画の変更（民再法187），再生計画の取消し申立て（民再法189）も認められています。再生計画が取り消されたときは，破産に移行することになります。

■民事再生手続の流れ

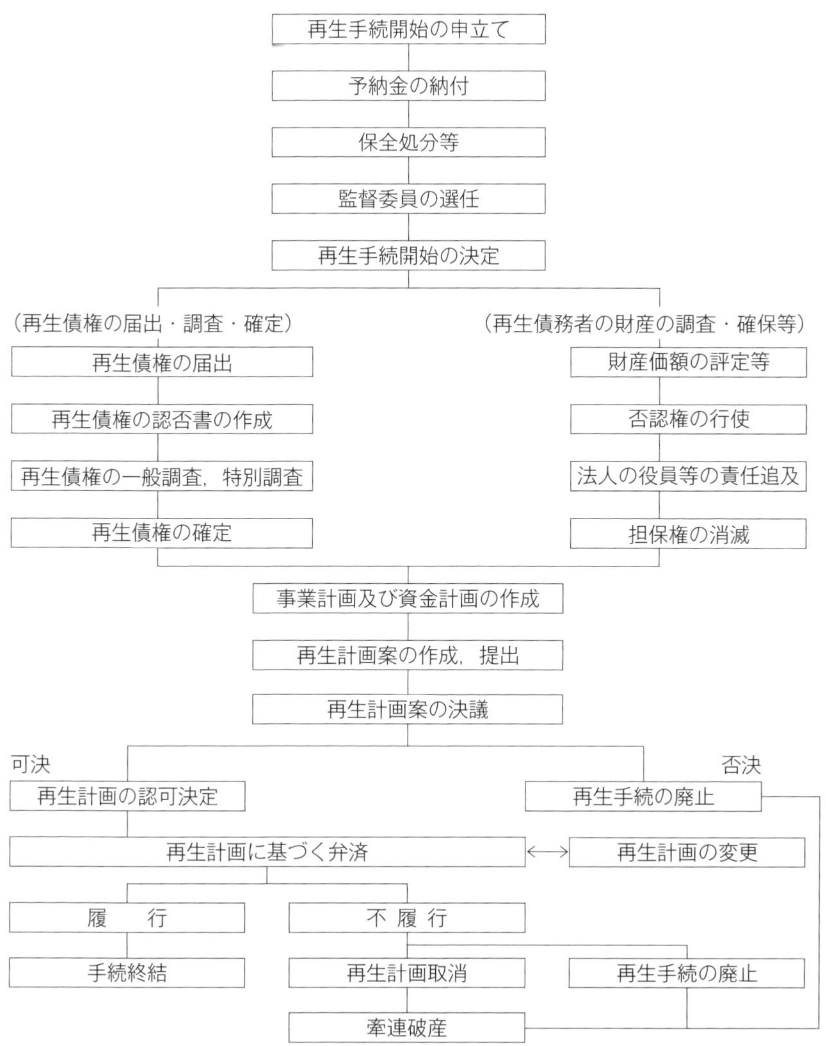

再生手続開始の申立て
予納金の納付
保全処分等
監督委員の選任
再生手続開始の決定
（再生債権の届出・調査・確定）
再生債権の届出
再生債権の認否書の作成
再生債権の一般調査，特別調査
再生債権の確定
（再生債務者の財産の調査・確保等）
財産価額の評定等
否認権の行使
法人の役員等の責任追及
担保権の消滅
事業計画及び資金計画の作成
再生計画案の作成，提出
再生計画案の決議
可決
再生計画の認可決定
否決
再生手続の廃止
再生計画に基づく弁済
再生計画の変更
履　行
手続終結
不 履 行
再生計画取消
再生手続の廃止
牽連破産

Q41 民事再生手続と債権の評価損

平成21年度税制改正において，税制上も他の資産と同様に債権の評価損が認められるようになったと聞きました。当社では現在民事再生手続が進行中ですが，財産評定において元代表者に対する貸付金1,000については回収可能性がないため評価減を行いたいと思っています。この処理は認められるでしょうか。

A

SUMMARY 民事再生手続やADRなどの合理的な私的整理手続の場合に限り，債権についても評価替えをすることが税務上も認められます。これは，これらの手続において財産の評定手続が行われ，その財産評定に基づいて再生計画が策定されることから，このような公正な手続において実施された財産評定であるならば税務上も容認しようとするものです。したがって，民事再生手続において，資産の評価損を計上した場合についても税務上は認められます。

なお，債権の回収不能部分については評価損の計上が認められるため，部分貸倒れを税法が許容したともみられますが，債権の評価損はあくまでも企業再生税制の枠組みにおいて認められている特例的な位置づけです。

また，債権の評価損については，再生計画認可決定時の評価損（法法33④）計上は認められますが，再生手続開始決定時の評価損（法法33②）は認められないことが法人税基本通達で明らかにされたので，注意を要します。

なお，元代表者に対する貸付金の場合，支出時点の理由等のいかんによっては，役員賞与や寄附金，使途不明金に該当しないことが前提となります。

貸付金評価損1,000
⇒認可決定時評価損　○（法33④）
⇒開始決定時評価損　×（法33②）

Reference 法法33②④，法基通９－１－３の２

DETAIL

1　問 題 点

民事再生手続においては財産評定を行い，債権者に対する弁済額の試算を行う一方，債務免除益対策として評価損益を計上しますが，資産の中に債権が含まれている場合に債権の評価損益の計上が税務上も認められるか否かが問題になります。

2　民事再生手続と財産評定

民事再生法は，開始決定後速やかに債務者に属する一切の財産について再生手続開始時の価額を評定しなければならないと定め（民再法124），評定は財産を処分するものとした価額にすることとしていますが，必要がある場合には事業継続価値で評価することができます（民再規則56）。

評定の基準を原則として処分価額とした理由は，債務者の一切の財産の清算価値を明確にすることにより，債務者が破産したときに受けられる最下限の配当額を算出することを目的としているためといわれています。しかし，その名のとおり再生手続は再生を指向する手続ですから，事業継続を前提とした継続価値基準でも財産の評定を行い，事業継続した場合に債権者に弁済できる金額を計算し再生計画を策定します。

〈配当率の比較例〉

清算した場合⇒配当率0.5%
継続した場合⇒配当率10%
　∴継続した方が有利

3　2種類の評価損

民事再生手続の場合には，再生手続開始決定時の評価損（法法33②）と再生手続認可決定時の評価損（法法33④）のいずれかの評価損の計上が認められています。

民事再生手続は，手続申立て後に裁判所によって開始決定がなされ，その後再生計画案が賛成多数で債権者によって可決された場合，裁判所によって認可決定がなされます。このどちらかの段階で評価損を計上することができますが，対象資産の範囲や期限切れ欠損金特例との絡みがあるので，選択に際しては注意が必要です。

（1）　開始決定時の評価損

民事再生法の規定による再生手続開始の決定があったことにより財産の価額の評定等が行われる場合には，評価損の計上が認められます（法法33②）。

しかし，金銭債権については，評価替えの対象にならないことが，平成21年12月の法人税基本通達改正で明確にされています。その理由としては，本特例が損金経理を要件としているところ，企業会計上金銭債権は評価損として損金経理の対象とならないと考えられるためです。なお，金銭債権は，企業会計における処理と同様に貸倒引当金の定めに従うこととされています（『平成21年度改正税法のすべて』日本税務協会）。

●法人税基本通達９－１－３の２　評価換えの対象となる資産の範囲

法人の有する金銭債権は，法第33条第２項《資産の評価換えによる評価損の損金算入》の評価換えの対象とならないことに留意する。

（注）　令第68条第１項《資産の評価損の計上ができる事実》に規定する「法的整理の事実」が生じた場合において，法人の有する金銭債権の帳簿価額を損金経理により減額したときは，その減額した金額に相当する金額については，法第52条《貸倒引当金》の貸倒引当金勘定に繰入れた金額として取り扱う。

したがって，開始決定時の評価損は，有価証券，棚卸資産，固定資産，繰延資産が対象になります。

なお，開始決定時の評価損を計上した場合，評価益資産があっても評価益を計上する必要はありませんが，期限切れ欠損金の優先適用特例は受けることができません。期限切れ欠損金の優先適用特例とは，青色欠損金と期限切れ欠損金の両方がある場合に，期限切れ欠損金を先に損金算入することにより使途制約を受けない青色欠損金を温存することができる特例です（法法59②）。

（2）　認可決定時の評価損

民事再生法の規定による再生計画認可の決定があった場合において，法人がその有する資産の価額につき財産評定を行っているときは，その資産の評価損の額は認可決定日の属する事業年度の所得の金額の計算上，損金の額に算入することになります（法法33④）。

この対象資産の種類については制約がないため，金銭債権についても評価損の計上ができることとされています。その理由としては，評価損計上が会社法や企業会計における評価替えを前提として行われるものでなく，民事再生法により，原則として有する資産の全部を対象に資産評定を行う必要があること，当該手続が裁判所や多数の債権者の監視の下で公正に行われるものであること（『平成21年度改正税法のすべて』日本税務協会）から，評価損の対象となる資産の範囲に限定はなくなったものです。

また，期限切れ欠損金の優先適用を受けたい場合にも，認可決定時の評価損が有利です。

なお，認可決定時の評価損は，評価益資産がある場合，評価益を計上しなければならないこと（法法25③）に留意が必要です。

再生手続開始決定時の評価損（法法33②）と再生計画認可決定時の評価損（法法33④）について主な税務の取扱いを比較すると，次頁のようになります。

■法人税法33条２項と４項の対比

	33条２項	33条４項
資産の範囲	棚卸資産，有価証券，固定資産，繰延資産	原則，資産の範囲制限なし
金銭債権の取扱い	除く	含む
評価益資産がある場合	計上任意	計上強制
欠損金の順序	青色欠損金から損金算入	期限切れ欠損金から損金算入

Q42 会社更生手続と貸倒損失

会社更生手続中であるＡ社は，更生計画認可前に裁判所の許可を受けて，次のような少額債権の弁済をすることにしました。

> ①　総額が10万円以下の債権は，×月○日において全額を弁済する。
> ②　総額が10万円を超え100万円以下の債権については，10万円超部分の放棄を条件として10万円を×月○日において弁済する。
> 上記の弁済を受けない場合は，更生債権として更生計画によって弁済することとし，債権者は×年△日までにいずれによるかの意思表示をする。

上記の②＝10万円弁済を選択した債権者が放棄する10万円を超える部分の債権は，貸倒損失になりますか。それともＡ社に対する寄附金となりますか。

A

SUMMARY　貸倒損失として損金の額に算入されます。

(Reference)　法基通９－６－１

DETAIL

１　問 題 点

本問は，国税庁の質疑応答事例に掲載されている事例をもとにしています。

法人税基本通達９－６－１⑴において，会社更生手続の更生計画認可決定によって切り捨てられることとなった債権については貸倒損失処理することが認められています。それでは，認可決定以外の場面で債権の切捨てが行われた場合はどうなのでしょうか。通達に明記がされていないため問題になります。

●法人税基本通達９－６－１　金銭債権の全部又は一部の切捨てをした場合の貸倒れ

> 法人の有する金銭債権について次に掲げる事実が発生した場合には，その金銭債権の額のうち次に掲げる金額は，その事実の発生した日の属する事業年度において貸倒れとして損金の額に算入する。
> ⑴　更生計画認可の決定又は再生計画認可の決定があった場合において，これらの決定により切り捨てられることとなった部分の金額
> ⑵　省略

２　法人税基本通達９－６－１の適否

国税庁質疑応答事例の解説によれば，裁判所の許可を受けた更生手続の一環として10万円を超える部分の債権放棄が行われるわけですから，たとえ債権者が債権の一部を放棄することを選択したとしても，それは経済的な価値判断に基づくものであり，放棄された部分の債権相当額を債務者に対する寄附金とすることは相当でないとされています。

若干補足すると，債権額が100万円未満の債権者は，最高100％～最低10％の弁済を受けられる計画ですが，少額債権の弁済は中小の取引先を保護する目的がありますから即時に支払われるのが一番のメリットです。他方で，更生債権となると計画弁済となるのが通例なので弁済に最長15年間を要し，弁済率が高かったとしても長期間を要することによる時間価値の割引，信用リスク等を考慮する必要があります。

したがって，少額債権に該当する場合には，単純に弁済率で比較するだけでなく時間価値や信用リスク等を考慮することも経済合理性の範疇に含まれることになります。

■実質弁済率

債権額	弁済額	弁済率
100万円	10万円	10.0%
90万円	10万円	11.1%
80万円	10万円	12.5%
省略		
20万円	10万円	50.0%
10万円	10万円	100.0%

関連解説

会社更生手続とは

会社更生手続は，経済的に窮境にある株式会社について，更生計画により，債権者，株主，その他の利害関係者の利害を適切に調整し，事業の更生を図る手続です。

1　会社更生手続の特徴は

会社更生法は，社会的・経済的に大きな影響がある大規模会社が予定されています。

管財人の設置が必須なこと，担保権の行使や租税債務の支払も制限されること等，再生のための抜本的な見直しが可能です。

他方で，手続に要する時間とコストは高くなりがちです。

2　更生手続の申立て

債務者に破産手続開始の原因となる事実の生ずるおそれがあるとき，あるいは，弁済期にある債務を弁済することとすれば事業の継続に著しい支障を来すおそれがあるときに，債務者は，裁判所に対し，更生手続開始の申立てをすることができます（更生法17）。破産手続開始の原因となる事実の生ずるおそれがあるときには，10％以上の議決権を有する大株主や資本金の10％以上の債権者も申立てできます（更生法17②）。

3　保全処分等

裁判所は，更生手続開始の申立てがあった場合には，利害関係人の申立てにより又は職権で，更生手続開始の申立てにつき決定があるまでの間，開始前会社の業務及び財産に関し，開始前会社の財産の処分禁止の仮処分その他の必要な保全処分を命ずることができます（更生法28）。また，裁判所は他の手続の中止命令等（更生法24），包括的禁止命令（更生法25）をすることができます。

更生手続の申立てから開始決定までには，相当な期間を必要とするので，その間の財産の散逸を防ぐためです。

4　保全管理人の選任

会社更生手続の申立てがなされると，裁判所は通常は保全管理人を選任し，保全管理命令を発令します（更生法30）。以降の会社財産の管理処分権は，すべて保全管理人に代わります。

5　更生手続開始決定

裁判所は，更生手続開始の原因となる事実が存在し，申立て棄却事由が存在しない場合には，更生手続開始の決定をします（更生法41）。

この決定と同時に更生管財人が選任され（更生法42），会社の事業の経営及び財産の管理処分権は管財人に専属します（更生法72）。

6　関係人集会

更生債権者，株主等の利害関係人から構成されるため，関係人集会と呼称されます（更生法114）。関係人集会において，利害関係者は会社の業務や財産状況について報告を受け，裁判所に意見を述べます。また，更生計画案について決議を行います。

7　債権届出，調査，確定

更生債権等は，更生手続によってしか弁済を受けることはできないため，管財人は，債権者から債権の届出を受け，調査，確定の手続をとります（更生法138他）。この手続は民事再生手続とほぼ同様となっています。

8　財産評定等

管財人は，更生手続開始後遅滞なく，更生会社に属する一切の財産につき，その価額を評定しなければならないこととされています（更生法83）。また，この場合の価額は時価とされています（更生法83②）。

9　更生計画案の作成

管財人は，財産評定，債権届出等を踏まえて，裁判所の定める期間内に更生計画案を作成しなければなりません（更生法184）。また，債権者，株主も更生計画案を作成できます（更生法184②）。

更生計画案は，原則として開始決定日から1年以内の提出とされています（更生法184③）。

10　更生計画案の決議

更生計画案の提出があったときは，裁判所は，更生計画案を決議に付する旨の決定をし（更生法189），提出された更生計画案を決議するために関係人集会が開催されます。

議決権の行使は，議決権者ごとに組分けし，各組ごとに行いますが，組分けされたすべての組においてそれぞれ可決要件を満たすことが必要です。

更生計画可決の要件は以下のとおりです（議決権は債権額によります）（更生法196）。

■ 可決要件

組	場合	可決要件
更生債権者の組		更生債権者の議決権の総額の1／2超の同意
更生担保権者の組	更生担保権の期限の猶予の場合	更生担保権の議決権の総額の2／3以上の同意
	更生担保権の免除の場合	更生担保権の議決権の3／4以上の同意
	清算を内容とする計画案の場合	更生担保権者9／10以上の同意
株主の組		議決権の総数の過半数の同意。ただし，債務超過の場合には議決権なし（更生法166②）

11　更生計画の認可決定

更生計画案が可決されたときは，裁判所は，更生計画の認可の決定をしなければなりません（更生法199）。

可決されなかった場合は，更生手続は廃止され，破産手続に移行することになります（更生法236）。

12　更生計画認可後の手続

更生計画は，管財人によって遂行されます（更生法209）。

管財人は，更生計画に則って事業を経営し，資産を売却し，弁済します。

更生計画が遂行され，又は，2／3以上が弁済され更生計画が遂行されることが確実と裁判所が認めたときは，裁判所により終結決定がなされ，更生手続は終了します（更生法239）。

Q43　特定調停と貸倒損失

得意先が特定調停を申し立てていましたが，このたび特定調停手続において債権額1,000のうち300の債権放棄を行うことになりました。この放棄額300については，貸倒損失として損金になりますか。

A

SUMMARY 特定調停において元本又は利息（元本に充当される利息を除きます）の全部又は一部の放棄が行われた場合，多数の債権者が参加し，合理的な基準による債権放棄額は貸倒損失として損金の額に算入されます。

Reference　法基通9－6－1

DETAIL

1　問 題 点

法人税基本通達9－6－1(3)，(4)において，会社更生法等の法令の規定によらない場合であっても，関係者間の協議や第三者あっせんによって債権の切捨てが行われた場合，書面により債権放棄をした場合においても貸倒処理が認められることとされています。

特定調停手続において債権の切捨てが行われた場合に9－6－1(3)あるいは(4)の適用があるかどうかが問題になります。

●法人税基本通達9－6－1　金銭債権の全部又は一部の切捨てをした場合の貸倒れ

法人の有する金銭債権について次に掲げる事実が発生した場合には，その金銭債権の額のうち次に掲げる金額は，その事実の発生した日の属する事業年度において貸倒れとして損金の額に算入する。

(1)(2)　省略

(3)　法令の規定による整理手続によらない関係者の協議決定で次に掲げるもの

により切り捨てられることとなった部分の金額
イ　債権者集会の協議決定で合理的な基準により債務者の負債整理を定めているもの
ロ　行政機関又は金融機関その他の第三者のあっせんによる当事者間の協議により締結された契約でその内容がイに準ずるもの
(4)　債務者の債務超過の状態が相当期間継続し，その金銭債権の弁済を受けることができないと認められる場合において，その債務者に対し書面により明らかにされた債務免除額

2　法人税基本通達９－６－１の適否

国税庁質疑応答事例の解説によれば，特定調停において元本又は利息（元本に充当される利息を除きます）の全部又は一部の放棄が行われ，次のような場合に該当するときには，その債権放棄額は貸倒損失として損金の額に算入されます。

法人税基本通達9－6－1(3)ロに準ずる場合	→	行政機関又は金融機関その他の第三者のあっせんにより締結された契約でその内容が次に準ずるものにより切り捨てられることとなった部分の金額 ○　債権者集会の協議決定で合理的な基準により債務者の負債整理を定めているもの
法人税基本通達9－6－1(4)に該当する場合	→	債務者の債務超過の状態が相当期間継続し，その金銭債権の弁済を受けることができないと認められる場合において，その債務者に対し書面（特定調停において調停調書）により明らかにされた債権放棄額

（出所）　国税庁質疑応答事例

法人税法基本通達9－6－1(3)又は(4)の要件については**Q44**を参照してください。

関連解説

特定調停とは

特定調停は，民事調停手続の一種であり，裁判所が，債務者と債権者の話し合いを仲介し，返済条件の軽減等の合意が成立するよう働きかけ，特定債務者の経済的再生に資するためになされます。

１　特定調停の特徴は

特定調停は，申立ての費用が低廉で手続が簡便，さらに債権者からの取立てを止めることができるというメリットがありますが，過払い金を回収することはできないこととされています。

２　特定調停の申立て

特定債務者は，債権者との間における金銭債務の内容の変更，担保関係の変更その他の金銭債務に係る利害関係の調整に係る調停の申立てをするときは，特定調停手続による調停を求めることができます（特定調停法２）。

特定債務者とは，下記の者をいいます。

- 金銭債務を負っている者であって，支払不能（破産原因を参照）に陥るおそれのあるもの，若しくは，事業の継続に支障を来すことなく弁済期にある債務を弁済することが困難であるもの
- 債務超過に陥るおそれのある法人

３　保　　全

裁判所は，特定調停によって解決することが相当であると認める場合において，特定調停の成立を不能にし若しくは著しく困難にするおそれがあるとき，又は特定調停の円滑な進行を妨げるおそれがあるときは，申立てにより，特定調停が終了するまでの間，特定調停の目的となった権利に関する民事執行の手続の停止を命ずることができます（特定調停法７）。

4　合意と効力

当事者間に合意が成立し，これを調書に記載したとき等においては，調書の記載又は決定は裁判上の和解と同一の効力を有します。

Q44　私的整理手続における貸倒損失と寄附金の関係

債務者の代理人弁護士から，私的整理手続によって債権放棄を求められています。私的整理手続における債権放棄額は貸倒損失になりますか，それとも寄附金になりますか。

A

SUMMARY　私的整理手続における債権放棄については，まず貸倒損失の要件に該当するか判断します。仮に該当しない場合，次に経済合理性の判断をします。債権放棄に経済合理性があるときは寄附金に該当しないので単純損金になりますが，経済合理性がないときは寄附金に該当します。

Reference　法基通９－６－１・９－４－１

DETAIL

1　問題点

法人税基本通達９－６－１⑶⑷において，私的整理手続，すなわち法的整理手続によらない場合の貸倒損失の要件が定められています。

また，法人税基本通達９－４－１において，子会社等の解散，経営権の譲渡等に伴いその子会社等のために損失負担又は債権放棄等（損失負担等といいます）をした場合において，その損失負担等をしなければ今後より大きな損失を蒙ることになることが社会通念上明らかであると認められるため，やむを得ずその損失負担等をするに至った等そのことについて相当な理由があると認められるときは，その損失負担等により供与する経済的利益の額は，寄附金の額に該当しないものとすることとされています。

私的整理手続において債権放棄が行われた場合，上記法人税基本通達９－６－１⑶，法人税基本通達９－６－１⑷，又は法人税基本通達９－４－１の適用があるかどうかが問題になります。

●法人税基本通達９－６－１　金銭債権の全部又は一部の切捨てをした場合の貸倒れ

> 法人の有する金銭債権について次に掲げる事実が発生した場合には，その金銭債権の額のうち次に掲げる金額は，その事実の発生した日の属する事業年度において貸倒れとして損金の額に算入する。
> (1)(2)　省略
> (3)　法令の規定による整理手続によらない関係者の協議決定で次に掲げるものにより切り捨てられることとなった部分の金額
> 　イ　債権者集会の協議決定で合理的な基準により債務者の負債整理を定めているもの
> 　ロ　行政機関又は金融機関その他の第三者のあっせんによる当事者間の協議により締結された契約でその内容がイに準ずるもの
> (4)　債務者の債務超過の状態が相当期間継続し，その金銭債権の弁済を受けることができないと認められる場合において，その債務者に対し書面により明らかにされた債務免除額

2　貸倒損失の要件

法的整理手続によらない私的整理手続における債権放棄は，法人税基本通達9－6－1(3)，法人税基本通達9－6－1(4)において，貸倒損失の要件が定められています。すなわち，会社更生法等の法令の規定によらない場合であっても，関係者間の協議や第三者あっせん等の方法により恣意性が排除された状況下において債権の切捨てが行われた場合，又は債務超過継続状況下において書面により債権放棄をした場合においても貸倒処理が認められることとされています。

(1)　法人税基本通達９－６－１(3)ロ

私的整理手続における債権放棄が，法人税基本通達9－6－1(3)ロに該当し，貸倒損失として認められるためには，債権者集会と同様に大部分の債権者が手続に参加し，負債整理が合理的な基準[注]により定められている必要があります。

(注)「合理的な基準」とは，一般的に，すべての債権者についておおむね同一

の条件でその切捨額等が定められているような場合をいいますが，例えば，少額債権者については優先的に弁済するようなことも，状況次第によっては「合理的な基準」に該当するものと考えられます。

(2)　法人税基本通達９－６－１(4)

私的整理手続における債権放棄が，法人税基本通達９－６－１(4)に該当し，貸倒損失として認められるためには，次の要件を満たす必要があります。

①　債務超過の状態が相当期間継続していること

②　①により，金銭債権の弁済を受けることができないと認められること

③　債務者に対し書面（特定調停においては調停調書）により明らかにした債権放棄であること

なお，金銭債権の弁済を受けることができるか否かは，債務者の実質的な財産状態を検討する必要がありますから，①の「債務超過」の状態か否かは，時価ベースにより判定することとなります。

3　寄附金か単純損金か

貸倒損失の要件に該当しない債権放棄であっても，その債権放棄を行うことについて経済合理性を有する場合には，寄附金に該当しないこととなり，単純損金になります。

反対に，経済合理性を有しない場合には，寄附金になります。

具体的には，法人税基本通達９－４－１又は９－４－２，及び，国税庁質疑応答事例に掲げる７つの要件等を総合勘案し，経済合理性を有するか否かを判定します。

７つの要件等の詳細は，**Q48**を参照してください。

Q45 再生支援協議会と貸倒損失

得意先が中小企業再生支援協議会に再生支援の要請を行いました。得意先からの説明によれば，一般債権者についても若干の債権切捨てをお願いするかもしれないとのことでした。もし，債権額の一部放棄となった場合，この放棄額については損金の額に算入できますか。

A……………………………………………………………………

SUMMARY 再生支援協議会が関与する手続によって債権の全部又は一部の放棄が行われた場合には，原則としてその債権放棄額は損金の額に算入されるものと考えられます。

Reference 法基通９－６－１・９－４－１

DETAIL

1 問題点

法人税基本通達９－６－１(3)，(4)において，会社更生法等の法令の規定によらない場合であっても，関係者間の協議や第三者あっせんによって債権の切捨てが行われた場合，又は，書面により債権放棄をした場合には貸倒処理が認められることとされています。

また，法人税基本通達９－４－１において，子会社等の解散，経営権の譲渡等に伴いその子会社等のために損失負担又は債権放棄等（損失負担等といいます）をした場合において，その損失負担等をしなければ今後より大きな損失を蒙ることになることが社会通念上明らかであると認められるためやむを得ずその損失負担等をするに至った等そのことについて相当な理由があると認められるときは，その損失負担等により供与する経済的利益の額は，寄附金の額に該当しないものとすることとされています。

再生支援協議会が関与する手続において債権の切捨てが行われた場合におい

ては，上記法人税基本通達９－６－１⑶若しくは⑷，又は，法人税基本通達９－４－１の適用があるかどうかが問題になります。

●法人税基本通達９－６－１　金銭債権の全部又は一部の切捨てをした場合の貸倒れ

> 法人の有する金銭債権について次に掲げる事実が発生した場合には，その金銭債権の額のうち次に掲げる金額は，その事実の発生した日の属する事業年度において貸倒れとして損金の額に算入する。
> ⑴⑵　省略
> ⑶　法令の規定による整理手続によらない関係者の協議決定で次に掲げるものにより切り捨てられることとなった部分の金額
> 　イ　債権者集会の協議決定で合理的な基準により債務者の負債整理を定めているもの
> 　ロ　行政機関又は金融機関その他の第三者のあっせんによる当事者間の協議により締結された契約でその内容がイに準ずるもの
> ⑷　債務者の債務超過の状態が相当期間継続し，その金銭債権の弁済を受けることができないと認められる場合において，その債務者に対し書面により明らかにされた債務免除額

●法人税基本通達９－４－１　子会社等を整理する場合の損失負担等

> 法人がその子会社等の解散，経営権の譲渡等に伴い当該子会社等のために債務の引受けその他の損失負担又は債権放棄等（以下９－４－１において「損失負担等」という。）をした場合において，その損失負担等をしなければ今後より大きな損失を蒙ることになることが社会通念上明らかであると認められるためやむを得ずその損失負担等をするに至った等そのことについて相当な理由があると認められるときは，その損失負担等により供与する経済的利益の額は，寄附金の額に該当しないものとする。
> （注）　子会社等には，当該法人と資本関係を有する者のほか，取引関係，人的関係，資金関係等において事業関連性を有する者が含まれる。

2　損金性の検討

中小企業再生支援協議会の支援による再生計画の策定手順（再生計画検討委員会が再生計画案の調査・報告を行う場合)」に従って策定された再生計画により債権放棄等が行われた場合の税務上の取扱いについては，中小企業庁が国税庁に照会をして回答を得ています。

平成17年6月30日付の国税庁による回答を総合すれば，本策定手順に従って策定された再生計画により債権者が債権放棄等を行う場合には，原則として，法人税基本通達9－4－2にいう「合理的な再建計画に基づく債権放棄等」であり，その債権放棄等による損失は，税務上損金算入されることとされています(巻末資料3を参照)。

なお，法人税基本通達9－6－1(3)若しくは(4)の貸倒損失に該当するか否かについては，負債整理が合理的な基準によって行われる等の要件を満たす必要がありますが，詳細は**Q44**を参照してください。

3　中小規模再生の場合

上記国税庁回答の取扱いは，あくまで再生計画検討委員会が再生計画案の調査・報告を行う場合です。

当該手続は，複数金融機関からの債務免除，公認会計士及び弁護士を含む3人以上（有利子負債10億円以下は2名以上）の検討委員会の委員を要件としていて，一般の中小企業にとってはハードルが高くなっています。

そこで，当該手続をとらない再生支援協議会案件の場合に，法人税基本通達9－4－2の適用がどうなるかといった問題がありますが，通常は利害関係が衝突する債権者同士の協議の場において決定された再生計画及び計画において決められた債務免除であれば，よほど不合理な内容でない限り，税務上も損金の額として容認されるものと考えられます。

関連解説

中小企業再生支援協議会とは

中小企業再生支援協議会は，産業競争力強化法127条に基づき，中小企業再生支援業務を行う者として認定を受けた商工会議所等の認定支援機関を受託機関として，同機関内に設置されています。中小企業再生支援協議会は，平成15年２月から全国に順次設置され，現在は全国47都道府県に１ヶ所ずつ設置されています。

中小企業再生支援協議会では，事業再生に関する知識と経験とを有する専門家（金融機関出身者，公認会計士，税理士，弁護士，中小企業診断士など）が統括責任者（プロジェクトマネージャー）および統括責任者補佐（サブマネージャー）として常駐し，窮境にある中小企業者からの相談を受け付け，解決に向けた助言や支援施策・支援機関の紹介や，場合によっては弁護士の紹介などを行い（第一次対応），事業性など一定の要件を満たす場合には再生計画の策定支援（第二次対応）を実施しています。

（中小企業基盤整備機構ホームページより）

中小企業再生支援協議会による再生支援の流れは，中小企業庁より平成20年４月４日に公表されている「中小企業再生支援協議会事業実施基本要領」に記載されていますが，内容の概略は次のとおりとされています。

中小企業再生支援協議会のご利用のイメージ

中小企業再生支援協議会は，企業版の地域総合病院です。
症状の重い方，軽い方から健康診断まで幅広く対応させていただきます。〔秘密厳守〕

第一次対応（無料）

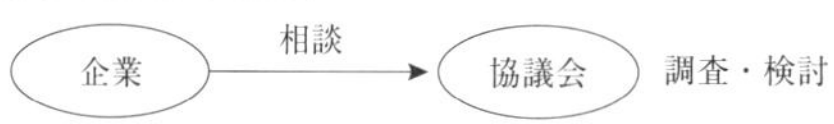

1．各種アドバイスを実施
2．専門家を紹介
3．再生計画策定支援（第二次対応へ）

第二次対応

1．支援決定までのフォロー

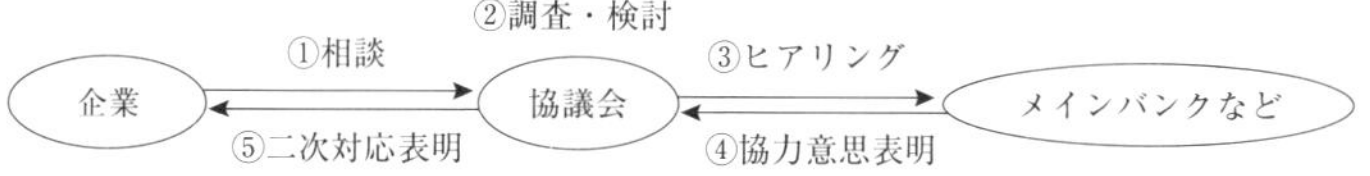

（注）・原則として，企業の了解のもと，メインバンクにヒアリングを実施します。
・この段階までに，企業の費用負担は発生しません。

2．支援決定から再生計画完成までのフロー

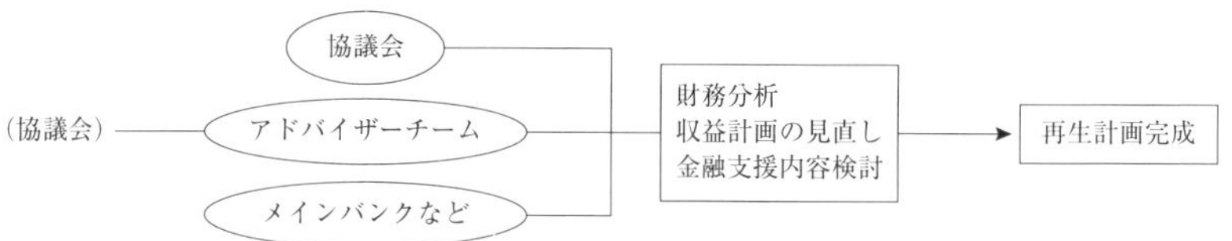

（注）・アドバイザーチームは，弁護士，公認会計士，税理士，中小企業診断士等の専門家によって構成されます（協議会が専任します）。
・この段階以降，企業側にアドバイザーへの費用負担が発生しますが，事前に相談させていただきます。

3．再生計画完成から金融支援とりまとめまでのフロー

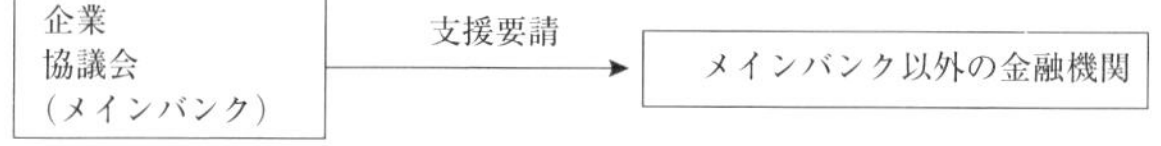

（注）・個別，または金融支援団を組成する場合があります。

4．再生計画スタート後

当協議会は，再生計画の策定支援，金融支援の取りまとめにとどまらず，以降の再生計画の進捗状況のフォローにも協力させていただきます（支援の継続）。

ご相談を受ける企業のイメージ

・経営者が再生に向けて強い意志と自信を持っている。
・現状，借入金の返済に苦しんでいるが，営業利益段階では利益は計上している。または，今後，利益を上げられる見通しである。
・メイン金融機関より再生計画の策定を要請されている。または，計画を提出したが納得されていない。
・借入金の返済猶予を申し入れているが了解が得られていない。
・取引金融機関が複数有り，メイン金融機関以外の支援が得られていない。
・一部の金融機関がRCC（整理回収機構）に債権譲渡してしまった。　　　等

（出所）　中小企業再生支援全国本部ホームページ

Q46 ADR再生手続と貸倒損失

得意先がADR手続を申し立て，ADR手続において債権額の一部放棄が行われました。この放棄額については，損金の額に算入できますか。

A

SUMMARY ADR手続において債権額の全部又は一部の放棄が行われた場合には，原則としてその債権放棄額は損金の額に算入されます。

(Reference) 法基通９－６－１・９－４－１

DETAIL

１　問題点

法人税基本通達９－６－１(3)，(4)において，会社更生法等の法令の規定によらない場合であっても，関係者間の協議や第三者あっせんによって債権の切捨てが行われた場合，また，書面により債権放棄をした場合においても貸倒処理が認められることとされています。

また，法人税基本通達９－４－１において，子会社等の解散，経営権の譲渡等に伴いその子会社等のために損失負担又は債権放棄等（損失負担等といいます）をした場合において，その損失負担等をしなければ今後より大きな損失を蒙ることになることが社会通念上明らかであると認められるためやむを得ずその損失負担等をするに至った等そのことについて相当な理由があると認められるときは，その損失負担等により供与する経済的利益の額は，寄附金の額に該当しないものとすることとされています。

ADR手続において債権の切捨てが行われた場合においても，上記法人税基本通達９－６－１(3)若しくは法人税基本通達９－６－１(4)，又は法人税基本通達９－４－１の適用があるかどうかが問題になります。

●法人税基本通達９－６－１　金銭債権の全部又は一部の切捨てをした場合の貸倒れ

法人の有する金銭債権について次に掲げる事実が発生した場合には，その金銭債権の額のうち次に掲げる金額は，その事実の発生した日の属する事業年度において貸倒れとして損金の額に算入する。
⑴⑵　省略
⑶　法令の規定による整理手続によらない関係者の協議決定で次に掲げるものにより切り捨てられることとなった部分の金額
　イ　債権者集会の協議決定で合理的な基準により債務者の負債整理を定めているもの
　ロ　行政機関又は金融機関その他の第三者のあっせんによる当事者間の協議により締結された契約でその内容がイに準ずるもの
⑷　債務者の債務超過の状態が相当期間継続し，その金銭債権の弁済を受けることができないと認められる場合において，その債務者に対し書面により明らかにされた債務免除額

●法人税基本通達９－４－１　子会社等を整理する場合の損失負担等

法人がその子会社等の解散，経営権の譲渡等に伴い当該子会社等のために債務の引受けその他の損失負担又は債権放棄等（以下９－４－１において「損失負担等」という。）をした場合において，その損失負担等をしなければ今後より大きな損失を蒙ることになることが社会通念上明らかであると認められるためやむを得ずその損失負担等をするに至った等そのことについて相当な理由があると認められるときは，その損失負担等により供与する経済的利益の額は，寄附金の額に該当しないものとする。
（注）　子会社等には，当該法人と資本関係を有する者のほか，取引関係，人的関係，資金関係等において事業関連性を有する者が含まれる。

2　損金性の検討

ADR 手続によって債権放棄が行われた場合の税務上の取扱いに関しては，経済産業省が国税庁に照会をして回答を得ています。

平成21年７月９日付の国税庁による回答を総合すれば，特定認証紛争解決手

続に従って策定された事業再生計画により債権者が債権放棄等を行う場合には，原則として，法人税基本通達９－４－２（子会社等を再建する場合の無利息貸付け等）の取扱いにより，その債権放棄等による損失を損金算入することができることとされています（巻末資料４を参照）。

なお，法人税基本通達９－６－１(3)若しくは(4)の貸倒損失に該当するか否かについては，負債整理が合理的な基準によって行われる等の要件を満たす必要がありますが，詳細は**Q44**を参照してください。

関連解説

ADRとは

ADR（Alternative Dispute Resolution）とは「裁判外紛争解決手続」の略称で，訴訟手続によらずに民事上の紛争の解決をしようとする当事者のため，公正な第三者が関与して，その解決を図る手続で，私的整理ガイドラインの後継手続に位置づけられています。事業再生ADRは，事業再生の円滑化を目的として，平成19年度産業活力再生特別措置法の改正により創設されました。現在，事業再生実務家協会（以下，JATPといいます）が，2008年10月29日，法務省より，認証紛争事業者（第21号）として認証を受け，わが国唯一の事業者として事業再生ADRを行っています。

ADRの最大の特徴は，基本的に金融機関等だけを相手方として調整を進める手続であり，事業債権・売掛債権の債権者（取引先等）を巻き込まないことにより，倒産の烙印を受けることなく商取引が続けられるのがメリットとされます。また，専門的知識を有する実務家の監督の下で進められる手続のため信頼でき，仮に意見がまとまらず，裁判所を利用した手続（特定調停や法的整理）に移行した場合でも，裁判所はADRの調整を引き継いでADRの調整結果を尊重することとされています。

事業再生実務家協会によると，ADRによる支援の流れ，内容の概略は次のとおりとされています。

■ 事業再生実務家協会による事業再生 ADR 手続の流れ図

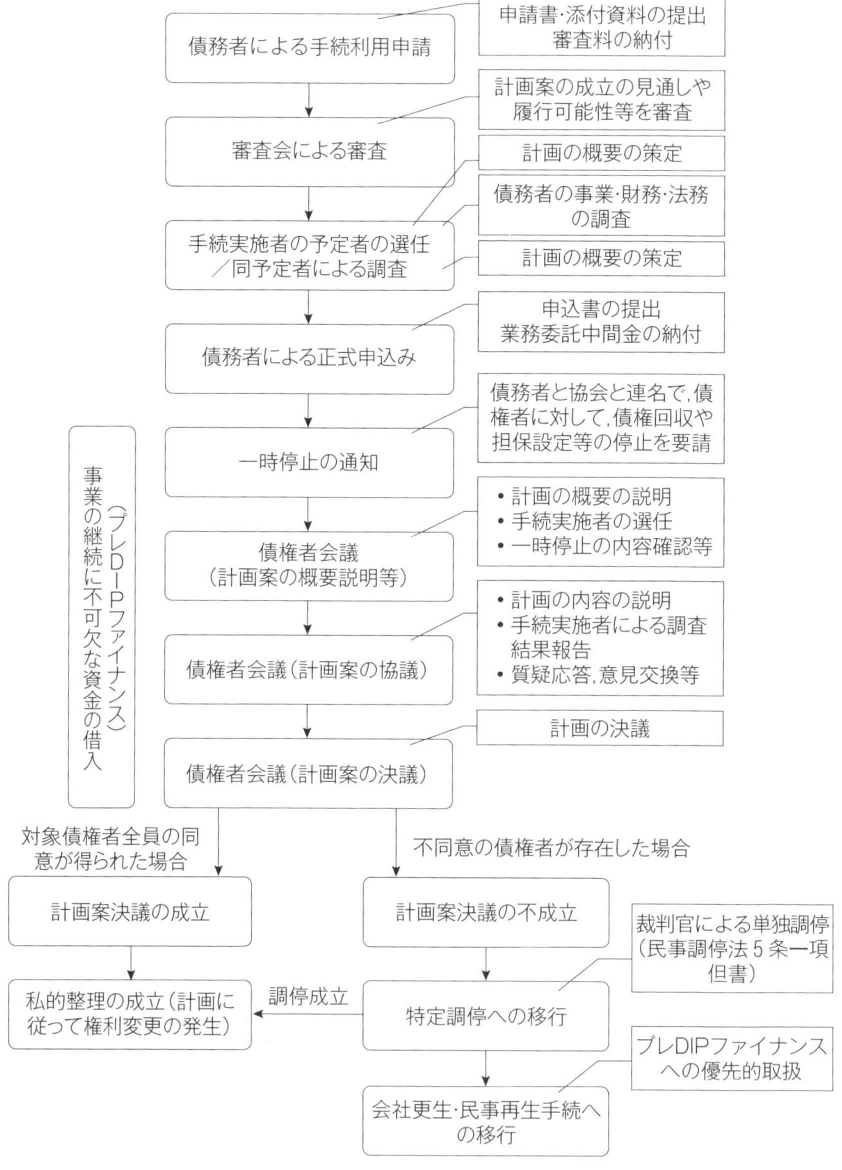

（出所） 事業再生実務者協会ホームページ「事業再生 ADR 手続の流れ」

Q47　地域経済活性化支援機構と貸倒損失

得意先が地域経済活性化支援機構に手続を申し立て，その手続において債権額の一部放棄が行われました。この放棄額については，損金の額に算入できますか。

A

SUMMARY　株式会社地域経済活性化支援機構が買取決定等を行った債権の債務者に係る事業再生計画において元本又は利息の全部又は一部の放棄が行われた場合には，原則としてその債権放棄額は損金の額に算入されます。

Reference　法基通9－6－1・9－4－1

DETAIL

1　問題点

法人税基本通達9－6－1(3)，(4)において，会社更生法等の法令の規定によらない場合であっても，関係者間の協議や第三者あっせんによって債権の切捨てが行われた場合，書面により債権放棄をした場合においても貸倒処理が認められることとされています。

また，法人税基本通達9－4－1において，子会社等の解散，経営権の譲渡等に伴いその子会社等のために損失負担又は債権放棄等（損失負担等といいます）をした場合において，その損失負担等をしなければ今後より大きな損失を蒙ることになることが社会通念上明らかであると認められるためやむを得ずその損失負担等をするに至った等そのことについて相当な理由があると認められるときは，その損失負担等により供与する経済的利益の額は，寄附金の額に該当しないものとすることとされています。

株式会社地域経済活性化支援機構が買取決定等を行った債権の債務者に係る事業再生計画に基づき債権放棄等が行われた場合において，上記法人税基本通達９－６－１⑶若しくは⑷又は法人税基本通達９－４－１の適用があるかどうかが問題になります。

2　損金性の検討

株式会社地域経済活性化支援機構が買取決定等を行った債権の債務者に係る事業再生計画に基づき債権放棄等が行われた場合の税務上の取扱いについては，株式会社地域経済活性化支援機構が国税庁に照会をして回答を得ています。

平成25年６月14日付の国税庁による回答を総合すれば，機構が関与して策定された事業再生計画により債権者が行う経済的利益の供与は，原則として，法人税基本通達９－４－２にいう「合理的な再建計画」に基づく経済的利益の供与であり，その経済的利益の供与による損失は，税務上損金の額に算入することができることとされています（巻末資料５を参照）。

なお，法人税基本通達９－６－１⑶若しくは⑷の貸倒損失に該当するか否かについては，負債整理が合理的な基準によって行われる等の要件を満たす必要がありますが，詳細は**Q44**を参照してください。

関連解説

地域経済活性化支援機構（REVIC）

地域経済活性化支援機構（REVIC）のホームページでは，以下のように説明されています。

REVICは，2008年秋以降の金融経済情勢の急速かつ大幅な悪化等を受けて，我が国の地域経済が低迷を余儀なくされる中，地域経済の再建を図るため，有用な経営資源を有しながら，過大な債務を負っている事業者の事業再生を支援することを目的に，「株式会社企業再生支援機構法」（以下，「法」という。）に基づき，2009年10月に株式会社企業再生支援機構（以下，「ETIC」という。）

として設立されました。

以来，中小企業者等の事業再生の支援に取り組んでまいりましたが，2013年３月には，地域経済の低迷が続く中，地域の再生現場の強化や地域経済の活性化に資する支援を推進していくことが喫緊の政策課題になっていること等を踏まえ，事業再生支援に係る決定期限の５年の再延長や，従前からの事業再生支援に加えて，地域経済の活性化に資する事業活動の支援を行うことを目的とする支援機関への改組等が盛り込まれた法改正がなされました。この法改正に伴い，「株式会社地域経済活性化支援機構法」（以下，「機構法」という。）に法律名が改められるとともに，商号を株式会社地域経済活性化支援機構に変更し，再出発しました。

2014年５月には，再チャレンジ支援業務やファンド出資業務の追加等，事業再生や地域活性化の支援を効果的に進めることを目的とする機構法の改正がなされ，同年10月に施行されました。

また，2018年５月には，地域における総合的な経済力の向上を通じた地域経済の活性化を図るため，一部の業務期限について３年の延長がなされ，2020年６月には，新型コロナウイルス感染症の拡大により経済への影響が深刻化する状況下において，地域の中堅・中小企業の経営基盤等の改善を支援するため，更に期限を５年延長する機構法の改正がなされました。

REVIC は，今後も地域経済の活性化に資する支援に取り組むとともに，地域金融機関に対して専門人材による知見・ノウハウの移転をより一層進めていきます。

REVIC による支援の流れ，内容の概略は，次のとおりとされています。

事業再生支援業務

■再生支援決定までの流れ

初期検討
＜2週間～1か月程度※2＞

事前検討
（プレデューディリジェンス）
＜1～2か月程度※2＞

資産等の査定（デューディリジェンス）
関係者調整・事業再生計画策定
＜3～4か月程度※2＞

1 包括守秘義務契約（持込金融機関）
メインの金融機関等・事業者からの事前のご相談※1
メインの金融機関等と事業者にて機構への本格相談を協議
事業者との面談、意思確認

2 個別守秘義務契約（持込金融機関・事業者）
事業者からの開示資料に基づき、機構にて簡易分析
関係者にて再生ストラクチャーの方向性確認
費用負担覚書
アドバイザー選定

3 資産等の査定（デューディリジェンス）の実施
事業再生計画の策定支援
関係者合意

4 再生支援申込み（持込金融機関・事業者）
再生支援決定

※1　事業者単独でのご相談も受け付けております。
※2　スケジュールは，円滑に進んだ場合であり，事業者や関係者の状況等に応じて，大きく変動することがございます。

（出所）　REVIC ホームページ

■再生支援決定後の流れ

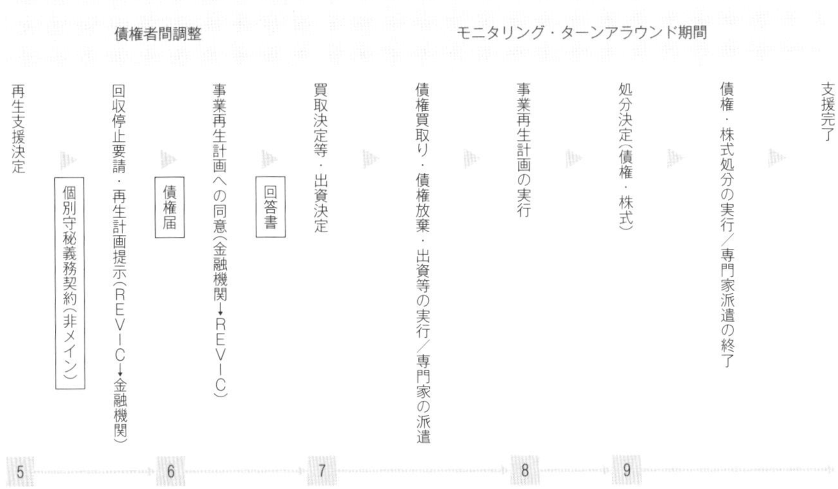

（出所）　REVIC ホームページ

Q48 求償権放棄と寄附金

当社は，ゴルフ場を営む子会社の金融機関に対する債務１億円を債務保証しています。リストラの一環でこのゴルフ場子会社を譲渡する予定ですが，金融機関から保証債務の履行請求を求められています。金融機関の求めに従って保証債務を履行した場合，履行に伴って求償権が発生しますが子会社の財務状況を鑑みてこの求償権は放棄する予定です。この求償権の放棄については税務上損金になりますか，それとも寄附金になりますか。

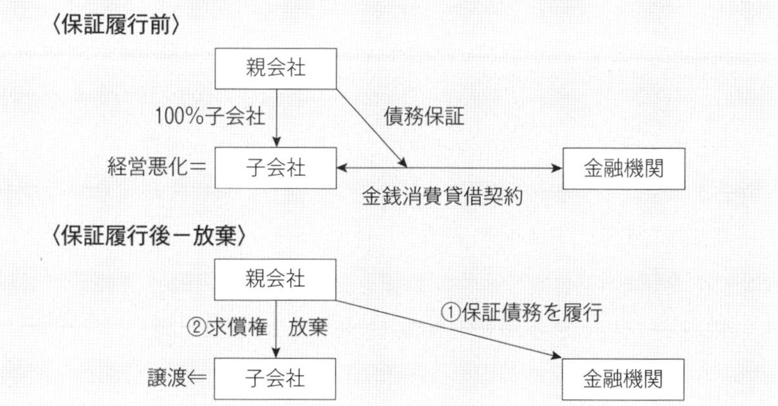

A

SUMMARY ゴルフ場を営む子会社の譲渡に伴い，親会社が損失負担をするケースです。法人税基本通達９－４－１（子会社等を整理する場合の損失負担等），具体的には７つの要件等を総合勘案し，求償権の放棄が経済的合理性を有していると認められるときは，整理損失として損金処理が税務上も認められます。

Reference　法基通９－４－１・９－４－２

DETAIL

1 問 題 点

親子会社とはいえ法律上は独立した別個の法人なので，株主有限責任制のもとでは出資額を超えて損失負担等をする義務はありません。しかし一方で，株主有限責任を楯として，例えば親会社がその責任を放棄することが社会的に許されるかどうかが問われる場合があります。

ご質問のケースでは，求償権の放棄によって親会社が損失負担する行為が子会社に対する寄附金に該当するか否かが問題となります。

2 寄附金課税と税務通達

親子会社又は関係会社等のグループ会社間で，再建や整理のための損失負担や資金支援（以下，損失負担等といいます）をした場合に税務上寄附金として取り扱われることがあります。

1で述べたように，親会社が出資額を超えて損失負担等をする義務はありませんが，他方で，親会社が責任を放棄することが社会的に許されない場合もあるという社会的現実を踏まえて，損失負担等の行為を一概に贈与と決めつけることなく，経済取引として一定の合理性を有しているケースについては課税しないことが法人税基本通達で明らかにされています。

●法人税基本通達9－4－1　子会社等を整理する場合の損失負担等

法人がその子会社等の解散，経営権の譲渡等に伴い当該子会社等のために債務の引受けその他の損失負担又は債権放棄等（以下9－4－1において「損失負担等」という。）をした場合において，その損失負担等をしなければ今後より大きな損失を蒙ることになることが社会通念上明らかであると認められるためやむを得ずその損失負担等をするに至った等そのことについて相当な理由があると認められるときは，その損失負担等により供与する経済的利益の額は，寄附金の額に該当しないものとする。

（注）　子会社等には，当該法人と資本関係を有する者のほか，取引関係，人的関係，資金関係等において事業関連性を有する者が含まれる（以下９－４－２において同じ。）。

●法人税基本通達９－４－２　子会社等を再建する場合の無利息貸付け等

法人がその子会社等に対して金銭の無償若しくは通常の利率よりも低い利率での貸付け又は債権放棄等（以下９－４－２において「無利息貸付け等」という。）をした場合において，その無利息貸付け等が例えば業績不振の子会社等の倒産を防止するためにやむを得ず行われるもので合理的な再建計画に基づくものである等その無利息貸付け等をしたことについて相当な理由があると認められるときは，その無利息貸付け等により供与する経済的利益の額は，寄附金の額に該当しないものとする。

（注）　合理的な再建計画かどうかについては，支援額の合理性，支援者による再建管理の有無，支援者の範囲の相当性及び支援割合の合理性等について，個々の事例に応じ，総合的に判断するのであるが，例えば，利害の対立する複数の支援者の合意により策定されたものと認められる再建計画は，原則として，合理的なものと取り扱う。

3　無税償却の具体的な要件

法人税基本通達９－４－１及び９－４－２は，金融再生トータルプランの一環として，無税償却の要件を明確にする目的で平成10年６月に改正されたものです。

国税庁は，損失負担等につき無税償却できるかどうか，つまり経済的合理性があるかどうかについても，通達で一部を例示しましたが，その後の実務界の要望を踏まえ，「子会社等を整理・再建する場合の損失負担等に係る質疑応答事例」（以下，質疑応答事例といいます）を発表しています。

なお，税務上の寄附金にあたるか否かについては，個別性が強い問題で一般化することは難しいものですが，国税庁は質疑応答事例（巻末資料１を参照）において，次の７つの要件を示した上で，要件を総合的に勘案し，かかる損失負担等が経済的合理性を有しているかどうかで判断する方法を示しています。

① 損失負担等を受ける者は，「子会社等」に該当するか。

② 子会社等は経営危機に陥っているか（倒産の危機にあるか)。

③ 損失負担等を行うことは相当か（支援者にとって相当な理由はあるか)。

④ 損失負担等の額（支援額）は合理的であるか（過剰支援になっていないか)。

⑤ 整理・再建管理はなされているか（その後の子会社等の立ち直り状況に応じて支援額を見直すこととされているか)。

⑥ 損失負担等をする支援者の範囲は相当であるか（特定の債権者等が意図的に加わっていないなどの恣意性がないか)。

⑦ 損失負担等の額の割合は合理的であるか（特定の債権者だけが不当に負担を重くし又は免れていないか)。

(注) 子会社等を整理する場合の損失負担等（法人税基本通達９－４－１）の経済合理性の判断の留意点

- 上記②については，倒産の危機に至らないまでも経営成績が悪いなど，放置した場合には今後より大きな損失を蒙ることが社会通念上明らかであるかどうかを検討することになります。
- 上記⑤については，子会社等の整理の場合には，一般的にその必要はありませんが，整理に長期間を要するときは，その整理計画の実施状況の管理を行うこととしているかどうかを検討することになります。

4 本問への当てはめ

以下，本問のケースについて，７つの要件との照合をしてみます。

結論としては，下記理由を総合すると７つの要件等を満たすため，寄附金に該当せず，整理損失として損金処理が認められるものと考えます。

① 親会社が子会社の損失を負担するケースなので，「子会社等」に該当します。

② 子会社は債務超過が継続している状態にあり，経営危機に陥っているといえます。

③ もともと債務保証をしていた債務について債務不履行事由が発生して親会

社が金融機関から履行を求められている状況にあり，損失負担について相当性があります。

④　子会社の経営権の譲渡の条件として，債務超過の解消が求められていて，親会社としては求償権の行使ができない状況にあり，また，それはこの損失負担等をしなければ親会社として今後より大きな損失を蒙ることになることが予想されるためにやむを得ずその損失負担等をしているものと考えられます。

⑤　経営権の譲渡に伴うものであり，整理計画において計画しています。

⑥　特定の債権者等が意図的に加わっていないなどの恣意性は見られません。

⑦　特定の債権者だけが不当に負担を重くし又は免れているものでもありません。

■寄附金に該当するかのチェックリスト

検討項目及びその内容		
再建の場合	整理の場合	チェック欄

1　損失負担の必要性

(1)　事業関連性のある「子会社等」であるか		
資本関係，取引関係，人的関係，資金関係等の事業関連性を有するか		

↓

(2)　子会社等は経営危機に陥っているか		
イ　債務超過等倒産の危機に瀕しているか	イ　整理損失は生じるか(実質債務超過か)	
ロ　支援がなければ自力再建は不可能か	ロ　支援がなければ整理できないか	

↓

(3)　支援者にとって損失負担等を行う相当な理由はあるか	
再建又は整理することにより将来のより大きな損失の負担を回避等ができるか	

↓

2　再建計画等（支援内容）の合理性

(1)　損失負担額（支援額）の合理性（要支援額は的確に算定されているか）	
イ　損失負担額（支援額）は，再建又は整理するための必要最低限の金額となっているか	
ロ　自己努力はなされているか	

↓

(2)　再建管理等の有無		
再建管理は行われるか	整理計画の管理は行われるか（長期の場合）	

↓

(3)　支援者の範囲の相当性	
イ　支援者の範囲は相当か	
ロ　支援者以外の事業関連性を有する者が損失負担をしていない場合，合理的な理由はあるか	

↓

(4)　負担割合の合理性	
イ　事業関連性からみて負担割合は合理的に決定されているか	
ロ　特定の債権者だけが不当に負担を重くし又は免れていないか	

↓　いずれにも該当する場合

寄附金に該当しない

（国税庁質疑応答事例「子会社等を整理・再建する場合の損失負担等」をもとに作成）

Q49 子会社の破産に伴う保証債務の受入れと債務免除

当社は，民事再生手続開始決定を受け，現在，再生計画案の策定中です。当社の民事再生手続申立てにあたっては，同時に子会社の破産申立て（配当すべき財産はほとんどない）を行いましたが，子会社の保証債務額約10億円は当社の再生債権として弁済を行うことになります（弁済率は10%を予定）。また，子会社の保証債務履行に伴って取得する求償権は，破産という状況等に鑑みて債権放棄する予定です。

この求償権の税務上の取扱い，求償権及び保証債務の会計処理の方法，保証債務の免除益の計上の必要性等について教えてください。

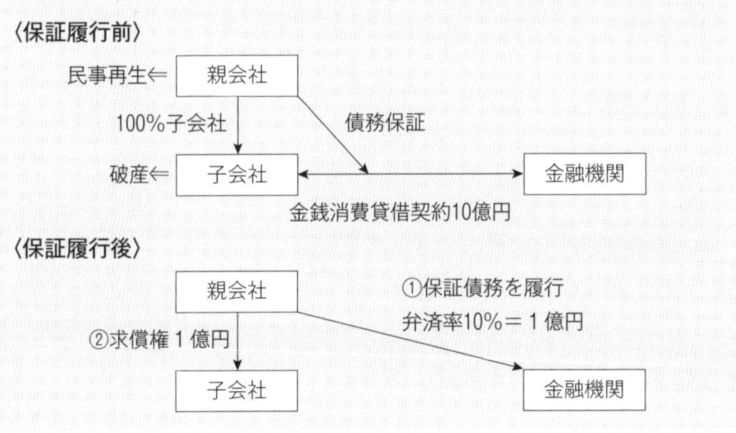

A

SUMMARY 保証債務の履行による求償権の放棄による損失についても，税務上の貸倒損失にあたります。

会計処理方法は，保証債務の履行請求を受けた時点で，偶発債務として，「借方に“保証債務見返り”，貸方に“保証債務”」と処理します。その後の認可決定により，先の仕訳を洗い替え「借方“保証債務”，貸方“保証債務見返り”」として処理するとともに，確定債務としての金額及び事前求償権の金額を「借方“事前求償権”，貸方“未払金”」として処理します。その後，保証債務の弁済によって求償権を取得することになるので，弁済時に求償権の取得経理を行います。

そして，“求償権”について回収可能性等の判断を行いますが，貴社の場合，子会社の破産に伴う債権放棄という状況等に鑑みますと，貸倒れ処理が税務上も認められるものと思われます。ただし，他の債権者は配当を受けられるのに親会社だけが債権放棄するような場合には，貸倒損失に該当しない可能性があるので，税務上の寄附金に該当しないか検討が必要です。

ところで，このケースでは，保証債務の履行請求を受けた時点で，偶発債務として100%を“保証債務”として計上しますが，認可決定により確定した時点で，“事前求償権”及び“未払金”として計上する金額は，支払対象となる10%相当額を計上すれば足り，免除の対象となる90%相当額について計上する必要性はないものと考えます。

(Reference) 法基通11-2-3・9-6-2・9-4-1～2

DETAIL

1 問題点

保証債務を履行した場合に求償権を取得しますが，この求償権を放棄した場合に税務上の寄附金になる可能性はないか，仮に損金処理が認められるとしていつの時点で損金になるのか，保証債務が減額された場合に債務免除益を計上する必要があるのか等が問題になります。

2 求償権の取得と貸倒れの税務

取引先の倒産等によって貸付金や売掛金等が回収不能となった場合には，貸付金や売掛金等の債権を貸倒処理することが認められますが，保証債務の履行によって取得した求償権が回収不能となった場合についても同様に貸倒処理が認められます（法基通11-2-3）。

ところで，求償権の取得は，保証人が主債務者に代わって債務を弁済し，その他自己の財産をもって債務を消滅させる行為（免責行為）をしたときとされています（民法459①）。法人税基本通達９－６－２注書きにおいても，損金処理の時期については，保証債務は現実にこれを履行した後でなければ貸倒れの対象にすることはできないことに留意するとされています。

本問の場合，主たる債務者である子会社につき破産申立てによって債務不履行が発生したため，保証人である貴社に対して，子会社の債権者から保証債務の履行請求がなされたものと推察されます。

保証債務は再生債権にあたるため，貴社の再生計画の中で弁済率が決められ（本件は10％），裁判所の認可決定を経て弁済されることになります。

貴社は，保証債務の弁済によって求償権を取得することになるので，弁済時に求償権の取得経理及びその求償権の放棄による貸倒損失経理を行うのが原則的な処理になります。

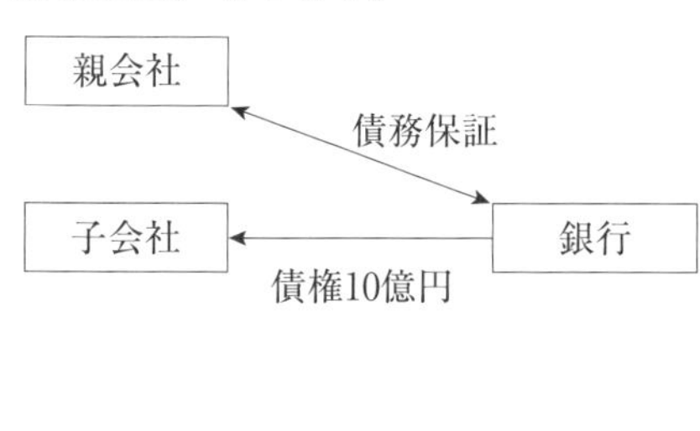

①親会社が民事再生，子会社が破産
②銀行が，保証人である親会社に求償
　＝親会社の再生債権に該当
③親会社が，子会社に代わり，代位弁済
　（弁済率10％　１億円）
　＝求償権取得　１億円
④子会社破産につき，求償不能
　＝貸倒損失　１億円

3　求償権及び保証債務の会計処理の方法

民事再生適用会社について，保証債務の税務会計処理の方法等は特に定められていません。一般的には，次のように会計処理を行うものと考えます。

① 保証債務の履行請求を受けた時点

（借）保証債務見返り　10億円　（貸）保　証　債　務　10億円

② 認可決定（債務確定）時

（借）	保証債務	10億円	（貸）	保証債務見返り	10億円
（借）	事前求償権	1億円	（貸）	未払金	1億円

③ 履行（求償権取得）時

（借）	求償権	1億円	（貸）	事前求償権	1億円

④ 債権放棄（回収不能確定）時

（借）	貸倒損失	1億円	（貸）	求償権	1億円

貴社のケースでは，保証債務の履行請求を受けた時点で，偶発債務として100％を“保証債務”として計上しますが，認可決定により確定した時点で，“事前求償権”及び“未払金”として計上する金額は，支払対象となる10％相当額を計上すれば足り，免除の対象となる90％相当額について計上する必要性はないものと考えます。

4　求償権放棄による損失と寄附金

次に，求償権の放棄による損失が貸倒損失に該当するか否かの検討です。特に，親子会社間や関係者間の取引においては注意が必要です。

子会社はすでに破産という事情に鑑みれば破産債権である求償権の回収は困難な場合が多いと思われますが，他の債権者は回収できるにもかかわらず親会社が放棄するような場合には，貸倒損失には該当せず寄附金に該当する可能性があります。

寄附金の場合でも損金にまったくならないわけでなく，貴社の子会社に対する求償権の放棄が法人税基本通達９－４－１，９－４－２，及び下記の７つの要件等を総合勘案し，経済的合理性を有していると認められるときは，損金としての処理が税務上も認められます。

なお，税務上の寄附金にあたるか否かについては，個別性が強い問題で一般化することは難しいものですが，国税庁が判断の目安を示しております。この点については，**Q48**を参照してください。

●法人税基本通達９－４－１　子会社等を整理する場合の損失負担等

法人がその子会社等の解散，経営権の譲渡等に伴い当該子会社等のために債務の引受けその他の損失負担又は債権放棄等（以下９－４－１において「損失負担等」という。）をした場合において，その損失負担等をしなければ今後より大きな損失を蒙ることになることが社会通念上明らかであると認められるためやむを得ずその損失負担等をするに至った等そのことについて相当な理由があると認められるときは，その損失負担等により供与する経済的利益の額は，寄附金の額に該当しないものとする。

（注）　子会社等には，当該法人と資本関係を有する者のほか，取引関係，人的関係，資金関係等において事業関連性を有する者が含まれる（以下９－４－２において同じ。）。

●法人税基本通達９－４－２　子会社等を再建する場合の無利息貸付け等

法人がその子会社等に対して金銭の無償若しくは通常の利率よりも低い利率での貸付け又は債権放棄等（以下９－４－２において「無利息貸付け等」という。）をした場合において，その無利息貸付け等が例えば業績不振の子会社等の倒産を防止するためにやむを得ず行われるもので合理的な再建計画に基づくものである等その無利息貸付け等をしたことについて相当な理由があると認められるときは，その無利息貸付け等により供与する経済的利益の額は，寄附金の額に該当しないものとする。

（注）　合理的な再建計画かどうかについては，支援額の合理性，支援者による再建管理の有無，支援者の範囲の相当性及び支援割合の合理性等について，個々の事例に応じ，総合的に判断するのであるが，例えば，利害の対立する複数の支援者の合意により策定されたものと認められる再建計画は，原則として，合理的なものと取り扱う。

■７つの要件

①　損失負担等を受ける者は，「子会社等」に該当するか。
②　子会社等は経営危機に陥っているか（倒産の危機にあるか）。
③　損失負担等を行うことは相当か（支援者にとって相当な理由はあるか）。
④　損失負担等の額（支援額）は合理的であるか（過剰支援になっていないか）。

⑤　整理・再建管理はなされているか（その後の子会社等の立ち直り状況に応じて支援額を見直すこととされているか）。
⑥　損失負担等をする支援者の範囲は相当であるか（特定の債権者等が意図的に加わっていないなどの恣意性がないか）。
⑦　損失負担等の額の割合は合理的であるか（特定の債権者だけが不当に負担を重くし又は免れていないか）。

5　債務免除益の計上額

民事再生手続では，債務の一部免除を受け残債の弁済を行う方式が一般的です。したがって，債務の免除を受けた金額について，債務免除益を収益に計上することになります。

それでは貴社のように保証債務の免除を受けた場合はどうでしょうか？

子会社の保証債務について，再生計画で90％相当額が免除されたとしても，その免除は主たる債務者である子会社が受けたものであり，貴社としては，偶発債務の金額が減少したにすぎないものと考えられます。したがって，貴社においては，弁済対象となる10％相当額を未払金（確定債務）として処理すれば足り，90％相当の免除益を計上する必要はないものと考えられます。

Q50　貸倒損失と消費税

得意先が自己破産手続を申し立てました。

当社は，得意先に対して売掛債権105を有しています。破産手続の申立てによって消費税５は税額控除できますか。

A

SUMMARY　消費税は法人税の税務処理と違い，貸倒引当金の段階では税額控除できず，貸倒損失の要件を満たした段階で貸倒れに係る消費税額５が控除できます。破産手続において貸倒損失として税額控除できるのは，手続の終結時点か廃止時点になります。

〈破産手続〉

Reference　消規18①二，消令59①三

DETAIL

1　問 題 点

消費税は，貸倒引当金の段階では税額控除できませんが，貸倒損失の要件を満たした段階で貸倒れに係る消費税額の控除が適用できます。ところが，破産手続は，貸倒損失の計上時期に関しては明確な規定がありません。

そこで，いつの時点で貸倒れに係る消費税額の控除が適用できるのかが問題となります。

貸倒れに係る消費税額の控除が認められるのは売掛金等の消費税が課せられ

た債権が対象ですので貸付金等は対象になりません。したがって，以下は売掛金等を前提とした説明です。

2　破産手続の進行と税務処理

(1)　申立て時点

得意先が，破産手続開始の申立てをした場合，倒産の状態によって，貸倒引当金として処理するか，又は，貸倒損失として処理することになります。

通常は，債権額の50％相当額について貸倒引当金を計上します。

この段階では，貸倒引当金なので，消費税に関して貸倒れに係る消費税額の控除はできないことになります。

(2)　開始決定時点

貸付先や得意先に対して，破産手続開始決定があったとしても，この段階では，いまだ債権の消滅事由は生じていないため，貸倒損失処理は時期尚早です。手続申立て時点又はその後の債権者説明会等において弁済率の見通し等が公表されている場合には，回収不能額部分について貸倒引当金（個別評価）の追加繰入れを検討すべきことになります。この段階でも，貸倒引当金なので，貸倒れに係る消費税額の控除はできないことになります。

(3)　破産手続と貸倒処理

それでは，破産手続の場合，いつの時点で貸倒損失処理が認められ，消費税の貸倒れに係る消費税額の控除の適用が受けられるのでしょうか。

破産手続の貸倒れの時期については，税法では明文化されていません。

これは，破産手続では手続上債権が切り捨てられる機会がないためです。

したがって，破産手続における貸倒損失は，以下のいずれかのタイミングで計上することになります。

① 法的に債権が消滅したとき

債務者の債務超過の状態が相当期間継続し，その金銭債権の弁済を受けることができないと認められる場合において，その債務者に対し書面により明らかにされた債務免除額について貸倒処理が認められます（消規18①二）。

② 事実上債権が回収不能となったとき

法人の有する金銭債権につき，その債務者の資産状況，支払能力等からみてその全額が回収できないことが明らかになった場合には，その明らかになった事業年度において貸倒れとして損金経理をすることができます（消令59①三）。この場合において，当該金銭債権について担保物があるときは，その担保物を処分した後でなければ貸倒れとして損金経理をすることはできません（法基通９－６－２）。具体的には，同時廃止，異時廃止等により破産手続を終える場合，あるいは，最終配当により手続が集結する場合等が考えられます。

参考

免税期間中の売上の貸倒れ等

消費税の課税事業者となったものが，免税期間中の売上について，課税事業者となった後において貸倒れる場合があります。また，免税事業者となった後に，課税事業者だったときの売上について貸倒れることもあります。

いずれのケースにおいても，貸倒れに係る消費税額の控除は認められないこととされています（消基通14－２－４，14－２－５）。

● **消費税法基本通達14－２－４　免税事業者であった課税期間における売掛金等の貸倒れ**

課税事業者が，免税事業者であった課税期間において行った課税資産の譲渡等に係る売掛金等につき貸倒れが生じ，当該課税資産の譲渡等の価額の全部又は一部の領収をすることができなくなった場合であっても，当該領収をすることができなくなった金額については法第39条第１項《貸倒れに係る消費税額の控除》の規定の適用はないのであるから留意する。

(注)　同項の規定の適用を受けない貸倒額については，当該貸倒額の全部又は一部の領収をした場合であっても法第39条第３項《貸倒回収額に係る消費税額の調整》の規定の適用はない。

●消費税法基本通達14-２-５　免税事業者等となった後における売掛金等の貸倒れ

課税事業者が事業を廃止し，又は免税事業者となった後において，課税事業者であった課税期間において行った課税資産の譲渡等に係る売掛金等につき貸倒れが生じ，当該課税資産の譲渡等の税込価額の全部又は一部の領収をすることができなくなった場合であっても，当該領収をすることができなくなった金額については，法第39条第１項《貸倒れに係る消費税額の控除等》の規定の適用はないのであるから留意する。

(注)　課税事業者が事業を廃止し，又は免税事業者となった後に，課税事業者であった課税期間において同項の規定の適用を受けた貸倒額についてその全部又は一部を領収した場合であっても法第39条第３項《貸倒回収額に係る消費税額の調整》の規定の適用はない。

Q51 新型コロナウイルス感染症と債権放棄

当社は不動産賃貸業を営む法人です。新型コロナ感染症の感染拡大により，飲食店を営む得意先から，休業による減収が大きいため家賃債務の免除を求められております。

得意先との付き合いは長く，得意先が倒産した場合は当社の売上も大きく落ち込むため，この要請には応じたいと考えております。家賃債権を免除した場合の税務上の取扱いはどうなるでしょうか。

A

SUMMARY 新型コロナ感染症に起因して，売上減少等により事業継続が困難となった，あるいはその恐れがある得意先の復旧支援として行う家賃債権の免除（書面要）については，災害の場合の債権と同様に，寄附金に該当しないものとして損金算入できます。

Reference 法基通９－４－６の２，「国税における新型コロナウイルス感染症拡大防止への対応と申告や納税などの当面の税務上の取扱いに関するFAQ　４　新型コロナウイルス感染症に関連する税務上の取扱い関係　問４」

DETAIL

1　問 題 点

新型コロナ感染症に起因して，売上減少や資金繰りが困難となった得意先の支援として行う家賃債権の免除が，災害の場合の債権免除と同様なのか，が問題となります。

2　災害の場合の取引先に対する売掛債権の免除等

災害を受けた取引先に対してその復旧支援を目的として災害発生後相当の期

間内に債権の全部又は一部の免除をしたときは，寄附金に該当しないものとして損金算入される取扱いがあります（法基通９－４－６の２本文）。

新型コロナ感染症による減収，それに伴う資金繰り悪化は，自己の責めに帰すことのできない事情であることに鑑みて，次の３つの条件を満たす場合において，災害の場合と同様の取扱いを認めることとされております（法基通９－４－６の２注２，上記FAQ）。

（３つの要件）

① 取引先等において，新型コロナウイルス感染症に関連して収入が減少し，事業継続が困難となったこと，又は困難となるおそれが明らかであること

② 賃料の減額が，取引先等の復旧支援（営業継続や雇用確保など）を目的としたものであり，そのことが書面などにより確認できること

③ 賃料の減額が，取引先等において被害が生じた後，相当の期間（通常の営業活動を再開するための復旧過程にある期間をいいます。）内に行われたものであること

上記②に関しては，新型コロナウイルス感染症の影響により取引先に対して賃料を減免したことを証する書面を作成し保存しておく必要があります。参考までに「日本賃貸住宅管理協会」がホームページに掲載している覚書例を示します。

覚　　書（例）

【不動産所有者等名】（以下「甲」という。）と【取引先名】（以下「乙」という。）は，甲乙間で締結した○○年○月○日付「建物賃貸借契約書」（以下「原契約」という。）及び原契約に関する締結済みの覚書（以下「原契約等」という。）に関し，乙が新型コロナウイルス感染症の流行に伴い収入が減少していること等に鑑み，甲が乙を支援する目的において，以下の通り合意した。

第１条　原契約第△条に定める賃料を令和２年×月×日より令和２年▲月▲日までの間について，月額□□円とする。

第２条　本覚書に定めなき事項については，原契約等の定めによるものとする。

令和２年◇月◇日

（出所）日本賃貸住宅管理協会

また，この取扱いは，新たに発生する債権のほか，既存の債権についても，適用されます。

●法人税基本通達９－４－６の２　災害の場合の取引先に対する売掛債権の免除等

法人が，災害を受けた得意先等の取引先（以下９－４－６の３までにおいて「取引先」という。）に対してその復旧を支援することを目的として災害発生後相当の期間（災害を受けた取引先が通常の営業活動を再開するための復旧過程にある期間をいう。以下９－４－６の３において同じ。）内に売掛金，未収請負金，貸付金その他これらに準ずる債権の全部又は一部を免除した場合には，その免除したことによる損失の額は，寄附金の額に該当しないものとする。

既に契約で定められたリース料，貸付利息，割賦販売に係る賦払金等で災害発生後に授受するものの全部又は一部の免除を行うなど契約で定められた従前の取引条件を変更する場合及び災害発生後に新たに行う取引につき従前の取引条件を変更する場合も，同様とする。

（注）１　「得意先等の取引先」には，得意先，仕入先，下請工場，特約店，代理店等のほか，商社等を通じた取引であっても価格交渉等を直接行っている場合の商品納入先など，実質的な取引関係にあると認められる者が含まれる。

２　本文の取扱いは，新型インフルエンザ等対策特別措置法の規定の適用を受ける同法第2条第1号《定義》に規定する新型インフルエンザ等が発生し，入国制限又は外出自粛の要請など自己の責めに帰すことのできない事情が生じたことにより，売上の減少等に伴い資金繰りが困難となった取引先に対する支援として行う債権の免除又は取引条件の変更についても，同様とする。

国税における新型コロナウイルス感染症拡大防止への対応と申告や納税などの当面の税務上の取扱いに関するFAQ　4　新型コロナウイルス感染症に関連する税務上の取扱い関係　問4

～賃貸物件のオーナーが賃料の減額を行った場合〔令和2年4月30日更新〕～

当社は，店舗用物件やテナント等を賃貸する不動産貸付業を行っています。今般，新型コロナウイルス感染症の影響で，当社の物件を賃借している事業者から，「売上が急減している中，固定的に支払いが発生する賃料の負担が大変である。」といった切実な声が寄せられています。

そこで，当社としては，賃料の減額を求められた場合，契約内容の見直しを行い，今般の感染症の流行が終息するまでの期間に限って，賃料の減額に応じるつもりです。

このように当社が取引先等に対して，復旧支援のため，賃料の減額に応じた場合に，その賃料の減額分については，法人税の取扱上，寄附金として取り扱われるのでしょうか。

○　企業が，賃貸借契約を締結している取引先等に対して賃料の減額を行った場合，その賃料を減額したことに合理的な理由がなければ，減額前の賃料の額と減額後の賃料の額との差額については，原則として，相手方に対して寄附金を支出したものとして税務上，取り扱われることになります（法人税法22条3項，4項，同法37条）。

○　しかしながら，貴社が行った賃料の減額が，例えば，次の条件を満たすものであれば，実質的には取引先等との取引条件の変更と考えられますので，その減額した分の差額については，寄附金として取り扱われることはありません。

①　取引先等において，新型コロナウイルス感染症に関連して収入が減少し，事業継続が困難となったこと，又は困難となるおそれが明らかであること

②　貴社が行う賃料の減額が，取引先等の復旧支援（営業継続や雇用確保など）を目的としたものであり，そのことが書面などにより確認できること

③　賃料の減額が，取引先等において被害が生じた後，相当の期間（通常の営業活動を再開するための復旧過程にある期間をいいます。）内に行われたものであること

○　また，取引先等に対して既に生じた賃料の減免（債権の免除等）を行う場

合についても，同様に取り扱われます。

なお，賃料の減免を受けた賃借人（事業者）においては，減免相当額の受贈益が生じることになりますが，この場合であっても，事業年度（個人の場合は年分）を通じて，受贈益を含めた益金の額（収入金額）よりも損金の額（必要経費）が多い場合には課税が生じることはありません。

○　この取扱いは，テナント以外の居住用物件や駐車場などの賃貸借契約においても同様です。

〔参考〕

法人税基本通達９－４－６の２（災害の場合の取引先に対する売掛債権の免除等）

租税特別措置法関係通達（法人税編）61の４(1)-10の２（災害の場合の取引先に対する売掛債権の免除等）

巻末資料

（資料１）

寄附金質疑応答各要件のQ&A（国税庁「子会社等を整理・再建する場合の損失負担等に係る質疑応答事例」）

国税庁は，損失負担等につき無税償却できるかどうか，つまり経済合理性があるかどうかについても，通達で一部を例示しましたが，その後の実務界の要望を踏まえ，「子会社等を整理・再建する場合の損失負担等に係る質疑応答事例」（以下，質疑応答事例といいます）を発表しています。

質疑応答事例を要件ごとに整理すると次のとおりになります。

1　子会社等の範囲は

損失負担等の行為は，主に親子会社間にて発生しますが，必ずしも親子会社間に限定されるものでないことを明らかにしています。

照会要旨	回答要旨	関係法令通達
事業関連性のある「子会社等」の範囲は，どのようなものでしょうか。	「子会社等」とは，資本（親子）関係，取引関係，人的関係，資金関係等において事業関連性を有するものをいいますから（法人税基本通達9－4－1（注）），単に資本（親子）関係がないことのみをもって「子会社等に該当しない」とするものではありません。 例えば，業界の上部団体等が，業界全体の信用維持のために支援を行う場合などは，その上部団体等にとって，個々の業者は子会社等に該当すると考えられます。	法基通9－4－1（注）
金融機関等にとって融資を行っている個人は「子会社等」に該当するのでしょ	子会社等とは，資本関係を有する者のほか，取引関係，人的関係，資金関係等において，事業関連性を有する者が含まれることとされています。	法基通9－4－1（注）

うか。	したがって，貸付先が個人であっても取引関係を有する者に含まれ，金融機関等が債権放棄することにより，例えば，個人の破産を未然に防ぐことにより，破産した場合に回収できる債権額を上回る額を回収することが見込まれる場合など，債権放棄する側において経済合理性を有すると認められるときは，その債権放棄の額は寄附金の額に該当しないと考えられます。 また，個人が自己破産と同等な状態に陥っており，貸付債権が回収できないことが明らかな場合において，金融機関等がその貸付債権を放棄したときは，その放棄による損失は，貸倒損失として損金の額に算入されると考えられます。	

2　子会社等は経営危機に陥っているか（倒産の危機にあるか）。

損失負担等の行為は，経営危機下にある子会社等に対して，やむを得ず行われるものに限って寄附金の対象から除外するものです。したがって，債務超過であること，自助努力が十分になされていることが要件とされます。そのような経営危機に陥っていない子会社等に対する支援は，寄附金に該当することになります。

照会要旨	回答要旨	関係法令通達
経営危機に陥っていない子会社等に対する支援はどのようになるのでしょうか。 また，子会社等が経営危機に陥っているとは，どのような状況をいうのでしょうか。	経営危機に陥っていない子会社等に対する経済的利益の供与は，その利益供与について緊急性がなく，やむを得ず行うものとは認められませんから，寄附金に該当することとなります。 子会社等が経営危機に陥っている場合は，一般的には，子会社等が債務超過状態にあることなどから資金繰りが逼迫しているような場合が考えられます。 なお，債務超過等の状態にあっても子会社等が自力で再建することが可能であると認められる場合には，その支援は経	法基通9－4－1，9－4－2

	済合理性を有していないものと考えられます。 　子会社等の整理に当たり，整理損失が生じる子会社等は，一般的に実質債務超過にあるものと考えられます。	

3　損失負担等を行うことは相当か（支援者にとって相当な理由はあるか）。

損失負担には，相当の理由が必要です。相当の理由は経済合理性を有することということもできます。ここでいう経済合理性とは，損失負担をすることによって利益を受けられるケース，例えば，損失負担によって将来の重大な損失発生を回避できること等があげられます。

照会要旨	回答要旨	関係法令通達
債務超過の状態にない債務者に対して債権放棄等をした場合でも，寄附金課税を受けない場合はあるのでしょうか。	一般的に，債務超過でない債務者に対して債権放棄等をした場合でも，営業状態や債権放棄等に至った事情等からみて経済合理性を有すると認められる場合には，債権放棄等による経済的利益の供与の額は，寄附金に該当しないものとして法人税法上損金算入が認められます。 　例えば，実質的に債務超過でない子会社等の再建等に際して債権放棄等を行う場合としては，次のような場合などが考えられます。 ・営業を行うために必要な登録，認可，許可等の条件として法令等において一定の財産的基礎を満たすこととされている業種にあっては，仮に赤字決算等のままでは登録等が取り消され，営業の継続が不可能となり倒産に至ることとなるが，これを回避するために財務体質の改善が必要な場合 ・営業譲渡等による子会社等の整理等に際して，譲受者側等から赤字の圧縮を強く求められている場合 　なお，財務諸表上は債務超過でないが	法基通９－４－１，９－４－２

	資産に多額の含み損があり実質的な債務超過によって経営危機に陥っている子会社等に対して，合理的な再建計画に基づいてやむを得ず債権放棄等を行ったといったような場合は，経済合理性を有することはいうまでもありません。	
支援者にとって損失負担等を行う相当な理由があるか否かは，どのように検討するのでしょうか。	支援者にとって損失負担等を行う相当な理由があるか否かは，損失負担等を行い子会社等を整理することにより，今後被るであろう大きな損失を回避することができる場合，又は，子会社等を再建することにより，残債権の弁済可能額が高まり，倒産した場合に比べ損失が軽減される場合若しくは支援者の信用が維持される場合などが考えられます。	法基通９－４－１，９－４－２

4　損失負担等の額（支援額）は合理的であるか（過剰支援になっていないか）。

損失負担の額については，一定の歯止めがかかります。この際だから，少し体力をつけさせようといった目的の支援はもちろん寄附金になります。支援額は必要最低限の金額であって，子会社等の自助努力を十分に考慮した上での金額となります。

照会要旨	回答要旨	関係法令通達
損失負担（支援）額の合理性は，どのように検討するのでしょうか。	損失負担（支援）額が合理的に算定されているか否かは，次のような点から検討することとなります。 • 損失負担（支援）額が，子会社等を整理するため又は経営危機を回避し再建するための必要最低限の金額とされているか。 • 子会社等の財務内容，営業状況の見通し等及び自己努力を加味したものとなっているか。 子会社等を再建又は整理するための損失負担等は，子会社等の倒産を防止する等のためにやむを得ず行われるものですから，損失負担（支援）額は，必要最低	法基通９－４－１，９－４－２

	限の金額でなければなりません。一般的に，支援により子会社等に課税所得が発生するようなケースは少ないと考えられます。 支援金額が過剰と認められる場合には，単なる利益移転とみなされ，寄附金課税の対象となります。 なお，支援の方法としては，無利息貸付，低利貸付，債権放棄，経費負担，資金贈与，債務引受けなどがあり，その実態に応じた方法が採用されることとなるものと考えられます。 更に必要最低限の支援であり，子会社等はそれなりの自己努力を行っていることが通例ですから，損失負担（支援）額は，被支援者等の自己努力を加味した金額となります。 この場合，どのような自己努力を行うかは，法人の経営判断ですが，一般的に遊休資産の売却，経費の節減，増減資等が考えられます。	

5　整理・再建管理はなされているか（その後の子会社等の立ち直り状況に応じて支援額を見直すこととされているか）。

再生の場合には，再生計画に基づいて子会社等に対する支援の内容や金額が策定され，計画の管理（実施・分析・評価・計画・フィードバック）によって実のあるものとなり再生が達成されます。一時的な支援を無管理のもとで行う場合には寄附金に該当する可能性があります。整理（清算）の場合でも，時間を要するケースでは管理が必要です。

照会要旨	回答要旨	関係法令通達
支援者による再建管理等は，なぜ必要なのでしょうか。また，再建管理の方法には，どのようなも	子会社等の再建を図るためにやむを得ず行う支援である以上，損失負担（支援）額は，必要最低限のものでなければなりません。 このため，支援者が子会社等の再建状	法基通 9－4－1，9－4－2

のがあるのでしょうか。	況を把握し，例えば，再建計画の進行に従い，計画よりも順調に再建が進んだような場合には計画期間の経過前でも支援を打ち切る（逆の場合には，追加支援を行うための計画の見直しを行う）などの手当て（再建管理）が必要となります。 なお，再建管理の方法としては，例えば，支援者から役員を派遣すること又は子会社等から支援者に対して毎年（毎四半期，毎月）再建状況を報告させるなどの方法が考えられます。 一般的に子会社等の整理は，解散後速やかに行われますから，整理計画の実施状況に関する管理については，検討を要しないものと考えられます。 しかしながら，資産処分に時間を要するなどの理由から，整理計画が長期間にわたる場合には，整理計画の実施状況に関する管理が的確に行われるか否かを検討する必要があります。	

6　損失負担等をする支援者の範囲は相当であるか（特定の債権者等が意図的に加わっていないなどの恣意性がないか）。

いわゆる法的整理の場合には，債権者平等原則が働くので，担保権や優先権を持たない一般債権者の扱いは同列（プロラタ弁済）です。親子会社であっても，親だからといって余計に負担しなければならない理由はありません。しかしながら，一般的には子会社の経営は親会社の事業部門である例が多く，有限責任制を盾にプロラタが通じるものでもありません。このような場合には，特定の債権者が支援者に加わっていないとしても，事業関連性，支援規模等の個別事情から関係者間で決定されるものであれば，必ずしも不合理な整理計画又は再生計画とはいえないことになります。

照会要旨	回答要旨	関係法令通達
支援者の範囲の相当性は，どのように	関係者が複数いる場合に，子会社との事業関連性が強いと認められる者が支援	法基通９－４－１，９－４－２

検討するのでしょうか。	者に加わっていないときは，どのような理由によるかを検討することになります支援者の範囲は，事業関連性の強弱，支援規模，支援能力等の個別事情から決定されるものですから，関係者全員が支援しないから不合理であるとは必ずしもいえません。 なお，支援者の範囲は，当事者間の合意により決定されるものです。 例えば，多数の関係者がいる場合であっても，出資している者，出資はしていないが役員を派遣している者，取引（債権）金額又は融資金額の多額な者等に支援者の範囲を限定することも考えられます。	
関係者が複数いる場合の支援者の範囲（例えば1社支援の場合）の相当性はどのように検討するのでしょうか。	支援者の範囲は，事業関連性，支援規模等の個別事情から関係者間で決定されるものですから，その関係者の一部が支援者となっていないとしても，必ずしも不合理な整理計画又は再建計画とはいえないと考えられます。 例えば，親会社1社の支援にならざるを得ない場合として，次のような事情により親会社と子会社との事業関連性がより強く，他の関係者に支援を求められない場合が考えられます。 イ　資本の大部分を有している ロ　系列の会社で，親会社の名称等の冠を付している ハ　役員の大部分を親会社から派遣している ニ　借入れの大部分を親会社からの融資で賄っている	法基通9－4－1，9－4－2
支援者は，その子会社の経営が破綻したため，再建支援を	一般に実質的に債務超過の状態にある法人は，子会社等を支援する体力がなくそもそも支援は行い得ないものと考えられ	法基通9－4－1，9－4－2

行うこととしました。支援にあたり，子会社の赤字関連会社について整理，再建するための損失負担等を含めて支援することとしていますが，債務超過である子会社が行う支援等について経済合理性が認められますか。	ます。 しかしながら，本件のように支援者が行う子会社に対する支援の一環として，つまり関連会社の清算又は再建に伴う子会社の損失負担額を含めて支援者が子会社の支援を行う場合において，それが子会社の再建を図るために必要不可欠であると認められるときは，支援者の子会社に対する支援及び子会社の関連会社に対する支援等について，それぞれ法人税基本通達９－４－１又は９－４－２に該当するかどうかを検討することとなります。	

7　損失負担等の額の割合は合理的であるか（特定の債権者だけが不当に負担を重くしまたは免れていないか）。

前述６で説明したとおり，必ずしもプロラタ方式にて支援額等が決まっていなかったとしても，支援者の出資状況，経営参加，融資状況等の事業関連性や支援体力からみて合理的に決定されている場合には，恣意性はないものと扱われます。

照会要旨	回答要旨	関係法令通達
損失負担（支援）割合の合理性は，どのように検討するのでしょうか。	支援者ごとの損失負担（支援）額の配分が，出資状況，経営参加状況，融資状況等の子会社等と支援者との個々の事業関連性の強弱や支援能力からみて合理的に決定されているか否かを検討することとなります。 なお，損失負担（支援）割合は，当事者間で合意されるものです。 損失負担（支援）額の配分については例えば，総額を融資残高であん分し負担する方式（プロラタ方式）による場合のほか，出資比率，融資残高比率及び役員派遣割合の総合比率であん分し，個々の負担能力を考慮した調整を行った上で決定するといった例があります。	法基通９－４－１，９－４－２
支援者が複数いる場	損失負担（支援）割合の合理性につい	法基通９－４－１，

合の損失負担（支援）割合の合理性はどのように検討するのでしょうか。	ては，一般的に支援者の出資状況，経営参加，融資状況等の事業関連性や支援体力からみて合理的に決定されているか否かを検討することとなります。 このため，合理性が認められるケースとしては，次のようなものが考えられます。 • 融資残高比率に応じた割合（プロラタ方式）による場合 • 損失負担（支援）総額を，出資状況，融資残高比率及び役員派遣割合等の事業関連性を総合的に勘案し，各支援者に配分する場合 • メインとなる支援者（出資責任，融資責任，経営責任等のある者）が，その責任に応じたできる限りの支援を行い，他の支援者については，融資残高等の事業関連性を総合的に勘案し，責任を求めるといった場合 • 親会社としては，優先的に大部分の損失負担をし，経営責任を果たさなければ一般の取引先の同意が得られず，再建計画が成立しないため，やむを得ず損失負担をして，再建を果たそうとする場合	9-4-2
支援者によって支援方法が異なる内容の再建計画であっても，合理的な再建計画と認められますか。	支援者によって支援方法が異なる内容の再建計画であっても合理的な再建計画と認められる場合としては，例えば，債権放棄が主な支援方法である再建計画において一部の債権者が債権放棄に応じないが金利減免には応じている場合や融資残高を維持するにとどめている場合などが考えられます。 なお，それぞれの支援者がどのような支援方法を採るかは，当事者間の合意により決定されるものです。	法基通9－4－1，9－4－2

8　その他

照会要旨	回答要旨	関係法令通達
大口の債権者（親会社）だけでなく一般の（小口）債権者も債権を放棄するようなものは，合理的な整理計画又は再建計画とはいえないのではないでしょうか	再建支援の対象となる子会社等には資本関係を有する者のほか，取引関係，人的関係，資金関係等において事業関連性を有する者も含まれます。 一般の（小口）債権者についても取引関係，人的関係，資金関係等の事業関連性があれば，会社が整理されることによって将来発生する損失の回避や再建されることによって得られる利益等を考慮に入れて，経営判断により債権放棄を行うこともあり得ることです。 したがって，いわゆる大口債権者ではなくても，取引関係，人的関係，資金関係等の事業関連性の程度により保有する債権を放棄せざるを得ない場合もあり得ると考えられます。	法基通９－４－１，９－４－２
利害の対立する複数の支援者の合意により策定された再建計画であることが確認で きれば，「合理的な再建計画」と認められるのでしょうか。	利害の対立する複数の支援者の合意により策定されたものと認められる再建計画は，原則として，合理的なものと取り扱うこととなります（法基通９－４－２(注)）。 これは，それぞれの支援者が経済合理性に基づいて判断していることから相互に牽制効果が働くこととなり，同族・グループ法人間でなされがちなし意的な利益操作が行われる可能性が少ないと考えられますから，原則として，合理的な再建計画として取り扱うこととされているものです。	法基通９－４－２(注)
「利害の対立する複数の支 援者の合意」といっても，支援者が極少数であれ	利害の対立する複数の支援者（債権者）が協議して，自主的に再建計画を策定する場合には，相互に牽制効果が働き個々の支援者（債権者）の利益操作，つ	法基通９－４－２

ば必ずしも利害の対立する者とは限らないため，合理的な再建計画と認められないのではないでしょうか。	まりし意性が排除されますから再建計画全体の合理性が担保されると考えられます。 したがって，支援者が極少数であるからといって，一律にし意的な再建計画と決めつけることは相当ではありません。 一方，支援者の多寡にかかわらず，し意的な再建計画は，不当に税を免れるなど課税上の弊害がありますから，当然，経済合理性があるとは考えられません。	
経営が破綻した子会社等を他の法人に営業譲渡又は合併するために親会社の責任として損失を負担しなければその目的を達成できない場合があります。 このような場合，その損失を負担することに相当な理由があるか否かの判断にあたって，どのような点を検討することとなるのでしょうか。	営業譲渡や合併により支援者が損失負担等を行う場合には，そのことに相当な理由があるか否かの判断に当たって，次のような点を検討する必要があります。 (1) 支援者にとって破綻した子会社等の事業を継続する必要性があること（例えば，経営が破綻した地域販売子会社の保有する販路を維持する必要がある場合など） (2) 子会社等の事業を継続するために営業譲渡若しくは合併によらざるを得ないこと又は営業譲渡若しくは合併を選択したことにつき経済合理性（例えば，経営が破綻した子会社等を清算したり，そのまま存続させ再建を図った場合よりも損失負担額が少ないなど）が認められること	法基通９－４－１，９－４－２

（資料２）

国税庁文書回答事例―企業再生税制適用場面においてDESが行われた場合の債権等の評価に係る税務上の取扱いについて（照会）

別紙

平成22・02・10経局第３号
平成22年２月15日

国税庁　課税部
課税部長　岡本　榮一　殿

経済産業省大臣官房審議官
（経済産業政策局担当）　北川　慎介

１　照会の趣旨

⑴　平成18年度税制改正において，債務者である法人（以下「債務者」といいます。）のデットエクイティスワップによる自己宛債権の現物出資（法人税法第２条第12号の14に規定する適格現物出資を除き，以下「DES」といいます。）に伴い生じた債務消滅益については，債権放棄に伴う債務免除益と同様に期限切れ欠損金（法人税法第59条の規定の適用対象となる欠損金額をいいます。）を青色欠損金等（法人税法第57条第１項及び第58条第１項の規定の適用対象となる欠損金額をいいます。）に優先して控除することができることとされました。

このDESが行われた場合において債務者の増加する資本金等の額は，資本金又は出資金の増加額と「払い込まれた金銭の額及び給付を受けた金銭以外の資産の価額その他の対価の額からその発行により増加した資本金の額又は出資金の額を減算した金額」との合計額（法令８①一）となり，「払い込まれた金銭の額」は存しませんから，結果として「金銭以外の資産の価額」，すなわちDESによる自己宛債権の時価が資本金等の増加額となります。

したがって，上記のDESに伴い生ずる債務消滅益の額は，自己宛債権の額面のうち資本金等の増加額とならなかった部分の金額，すなわち額面と時価との差額ということになります。

⑵　また，平成21年度税制改正においては，法人税法施行令第24条の２第１項に規定する民事再生に準ずる私的整理の事実の要件の一つである２以上の金融機関等の「債務の免除」を「債務免除等」に改正してDESが追加されたことにより，

DESを利用しやすい環境が整えられました。

(3) しかし，このような制度改正は行われているものの，一方で企業再生に際してDESが行われた場合において給付を受ける債権に付される時価についての具体的な評価方法が不明確であるため，DESの活用に支障があるとも言われております。

(4) このため，平成21年8月5日及び同年12月3日に，経済産業省経済産業政策局産業再生課長の私的研究会として「事業再生に係るDES研究会」を開催し，法人税法施行令第24条の2第1項の要件を満たす私的整理の場面（以下「企業再生税制適用場面」といいます。）においてDESが行われた場合に債務者が給付を受ける債権及び債権者が交付を受ける株式に付される時価の評価方法を検討し，一定の結論を得たところです（別添の「事業再生に係るDES（Debt Equity Swap：債務の株式化）研究会報告書」(PDF/437KB))。

つきましては，この検討結果を踏まえ，企業再生税制適用場面においてDESが行われた場合に債務者が給付を受ける債権及び債権者が交付を受ける株式に付される時価の評価に係る税務上の取扱いにつき，照会申し上げます。

2 照会の内容（照会者の見解）

企業再生税制適用場面においてDESが行われた場合に債務者が給付を受ける債権に付される時価の評価方法として，法人税法施行令第24条の2第1項による資産評定に関する事項に従って資産評定が行われ，その評定による価額を基礎として作成された貸借対照表の資産及び負債の額と，債務処理に関する計画における損益の見込み等に基づき算定する方法が考えられます（具体的な時価の算定については，別添の「事業再生に係るDES（Debt Equity Swap：債務の株式化）研究会報告書」のⅥの「3 具体的な事例へのあてはめ（PDF/437KB)」を参照してください。）。

この方法によった場合には，それぞれ次のとおり解して差し支えないでしょうか。

(1) 企業再生税制適用場面における債務者の取扱い

上記方法により算定された現物出資債権の時価を，法人税法施行令第8条第1項第1号における給付を受けた金銭以外の資産の価額とします。

(2) 企業再生税制適用場面における債権者（DESにより新たに株主となる者）の取扱い

法人税法施行令第119条第1項第2号において，現物出資を行った現物出資法人が交付を受ける被現物出資法人の株式の取得価額は，現物出資により給付をした金銭以外の資産の価額の合計額（その給付による取得のために要した費用（以下「取得に要する費用」といいます。）がある場合にはその費用の額を加算した金額）とされています。

この場合における現物出資により給付をした金銭以外の資産の価額の合計額についても，上記⑴の法人税法施行令第8条第1項第1号における給付を受けた金銭以外の資産の価額とします。

3　照会者の見解となった理由

⑴　企業再生税制適用場面における債務者の取扱い

イ　合理的な再建計画における債務免除額

企業再生税制適用場面においては，一般に公表された債務処理を行うための手続についての準則に従い合理的な再建計画が策定されることとなりますが，その策定過程において資産評定基準に基づき資産及び負債ごとに評価が行われ実態貸借対照表が作成されます。そして，この実態貸借対照表の債務超過金額をベースに債権者調整が行われ，事業再生計画における損益見込み等を考慮し，債務者及び債権者双方の合意のもとで回収可能額が算定されることとなります。

債務免除が行われる場合には，この合理的に見積もられた回収可能額に基づき債務免除額が決定されることとなります。すなわち，合理的な再建計画においては，債権のうちこの回収可能額を超える部分，換言すれば回収不能と見込まれる部分の金額が債務免除額ということになります。

この場合，この債務免除額につき，債務者は債務免除益を計上することとなります。

ロ　DESに伴う被出資債権の時価

企業再生税制適用場面においてDESが行われた場合においても，債務免除が行われる場合と同様に実態貸借対照表の債務超過金額をベースに債権者調整が行われ，事業再生計画における損益見込み等を考慮し，債務者及び債権者双方の合意のもとで回収可能額が算定されることとなります。

そして，DESが行われる場合においても，債務免除額が決定される場合と同様に，この合理的に見積もられた回収可能額に基づいて実質的な債務免除額が決定されることとなります。すなわち，合理的な再建計画においては，債権のうちこの回収可能額を超える部分，換言すれば回収不能と見込まれる部分についてはDESの対価である株式の交付の対象とされず，この回収可能額に相当する部分についてのみこの株式の交付の対象とされるということになります。そこで，DESの対象となる債権の時価については，この合理的に見積もられた回収可能額に基づいて評価することが妥当であると考えます。

この場合，この債権金額（額面）と債権の時価との差額について，債務者は債務消滅益を計上することとなります。

なお，債権者が有する債権のうちにDESの対象とされなかった債権が存在する場合，DESの対象となる債権が債務者の株式に変わるため，DESの対象とされなかった債権は，DESの対象となった債権（株式）に優先して回収されることになります。

このため，例えば，債権者の有する1,000（簿価）の債権について，その合理的な回収可能額が900と見込まれる場合において，その債権のうち800をDESの対象としない債権とし，200をDESの対象としたときは，DESの対象となる債権（200）の評価額は，DESの対象とされなかった債権（800）を含んだ回収可能額（900）から，DESの対象とされなかった債権の債権金額（800）を控除した金額（100）となります（この場合，債務消滅益100を計上することとなります。）。

ハ　債務者が給付を受けた金銭以外の資産の価額

この結果，イ及びロにより算定された現物出資債権の時価が，法人税法施行令第８条第１項第１号における被現物出資法人が給付を受けた金銭以外の資産の価額（DESにより増加する資本金等の額）となります。

⑵　企業再生税制適用場面における債権者（DESにより新たに株主となる者）の取扱い

イ　現物出資により交付を受ける株式の取得価額

法人税法施行令第119条第１項第２号において，現物出資を行った現物出資法人が交付を受ける被現物出資法人の株式の取得価額は，現物出資により給付をした金銭以外の資産の価額の合計額（取得に要する費用がある場合にはその費用の額を加算した金額をいいます。以下同じ。）とされています。

ロ　DESに伴う現物出資債権の評価額

企業再生税制適用場面におけるDESについても，債権者が保有する金銭以外の資産である債権を現物出資し，その対価として株式の交付を受けるものであるため，現物出資債権の時価（現物出資により給付をした金銭以外の資産の価額の合計額）が，交付を受ける株式の取得価額となります。

この場合における現物出資債権の時価は，債務者及び債権者の双方が合理的な再建計画に合意する立場にあるため，合意した回収可能額に基づき評価されることが合理的であり，かつ，債務者における処理とも整合的であります。このため，DESを行う債権者から見た現物出資債権の評価額についても，上記⑴に基づき算定された被現物出資債権の評価額と一致させることが合理的であると考えます。

ハ　債権者が交付を受ける株式の取得価額

この結果，上記(1)で算定された法人税法施行令第８条第１項第１号における給付を受けた金銭以外の資産の価額（被現物出資債権の評価額）が，同令第119条第１項第２号における現物出資により給付をした金銭以外の資産の価額（DESにより交付を受ける株式の取得価額）となり，債権の帳簿価額からDESにより交付を受ける株式の取得価額（取得に要する費用が含まれている場合にはその費用の額を減算した金額）を控除した金額が債権者における債権の譲渡損の額となります。

［参考］　種類株式が発行される場合

DESに伴い債権者に対して，普通株式ではなく償還条件の付された種類株式が交付されることがあります。

この場合，DESにより交付された株式が種類株式であっても，合理的な再建計画におけるDESにより出資を受ける債権に係る回収可能額が変わるわけではありません。

したがって，この場合の債務者におけるDESに伴う被現物出資債権の時価については，上記(1)のロと同様に，合理的に見積もられた回収可能額に基づいて評価することが妥当であると考えます。

また，この場合の債権者におけるDESに伴う現物出資債権の評価額についても，上記(2)のロと同様に，被現物出資債権の時価と一致させるのが合理的であると考えます。

事業再生に係るDES（Debt Equity Swap：債務の株式化）研究会報告書（抄）

Ⅵ３　具体的な事例へのあてはめ

(1)　回収不可能部分のDES

合理的に回収不可能とされた部分について，DESを行う場合，現物出資債権の評価はゼロとなり，債権の券面額を債務者側の債務消滅益（債権者側では譲渡損）として認識することとなる。下図では，回収不可能債権（＝実質債務超過部分）が400存在し，うち，300について債権放棄し，100をDESする場合，現物出資債権の評価額はゼロとなる。

債務者

資産＋損益見込み等 600 | 留保債務 600
欠損金 500 | 債権放棄 300 | DES 100
資本 100

借入金 300　債務免除益 300
借入金 100　債務消滅益 100

債権者

債権評価額
債権 1,000
債務免除益 300
債務消滅益 100
支援損 300 | 譲渡損 100

支援損　300　債権 300
債権譲渡損 100　債権 100

債務者（支援後）

資産＋損益見込み等 600 | 留保債務 600
欠損金 100 | 資本 100

現物出資債権の評価額
回収可能額がゼロのため，評価額はゼロとなる。

(2) 回収可能部分を含むDES

合理的に回収不可能とされた部分に加え，回収可能とされた部分もDESを行う場合，現物出資債権の評価は回収可能額となる。このため，債権の券面額と回収可能額の差額が債務者側で債務消滅益（債権者側では譲渡損）として認識されることとなる。下図では，回収不可能債権100に加え，回収可能債権100についてもDESする場合に，現物出資債権の評価額は100となる。

債務者

資産＋損益見込み等 600 | 留保債務 500
欠損金 500 | 債権放棄 300 | DES 200
資本 100

借入金 300　債務免除益 300
借入金 200　資本　100
　債務消滅益 100

回収可能額100を含む

債権者

債権評価額
債権 1,000
債務免除益 300
債務消滅益 100
支援損 300 | 譲渡損 100

支援損　300　債権　300
株式　100　債権　200
債権譲渡損 100

債務者（支援後）

資産＋損益見込み等 600 | 留保債務 500
欠損金 100 | 資本 200

現物出資債権の評価額
回収可能額が100のため，評価額は100となる。

(3) 種類株式の評価

DESの際には，一定期間内に一定金額での償還請求権を債権者に付すなど，種類株式が発行されることも想定される。この場合であっても，当該種類株式の評価額は，上記の方法に則って行う。

つまり，一定期間経過後に再生企業が債権者（＝種類株式保有者）からの求めに応じて一定金額で株式の買い取りを行う場合，種類株式の評価額は，償還条件の内容にかかわらず，「2.」において合理的に算定された再生企業からの回収可能額を原資として償還できる金額とする。下図では，券面額200の債権を現物出資して，償還条件付きの種類株式の交付を受けた場合，当該償還条件の内容にかかわらず，交付を受けた種類株式の評価額は100となる。

【償還条件付き種類株式と債務評価額】

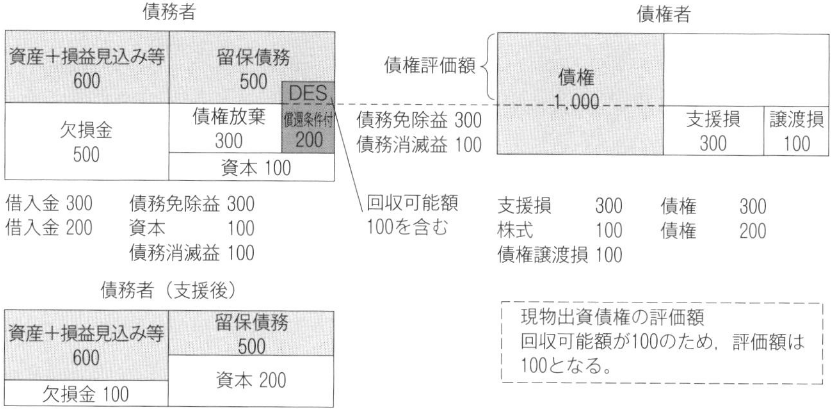

債務者

資産＋損益見込み等 600
留保債務 500
DES 償還条件付 200
欠損金 500
債権放棄 300
資本 100

借入金 300　債務免除益 300
借入金 200　資本 100
　　　　　　債務消滅益 100

債務免除益 300
債務消滅益 100
回収可能額100を含む

債権者

債権評価額
債権 1,000
支援損 300
譲渡損 100

支援損 300　債権 300
株式 100　債権 200
債権譲渡損 100

債務者（支援後）

資産＋損益見込み等 600
留保債務 500
欠損金 100
資本 200

現物出資債権の評価額
回収可能額が100のため，評価額は100となる。

回答

回答年月日　平成22年2月22日

回答者　国税庁課税部長

回答内容

標題のことについては，ご照会に係る事実関係を前提とする限り，貴見のとおりで差し支えありません。

(以下，略)

（資料３）

国税庁文書回答事例―「中小企業再生支援協議会の支援による再生計画の策定手順（再生計画検討委員会が再生計画案の調査・報告を行う場合）」に従って策定された再生計画により債権放棄等が行われた場合の税務上の取扱いについて（照会）

別紙

平成17・06・21中庁第２号
平成17年６月23日

経済産業省
国税庁課税部長　竹田　正樹　殿

中小企業庁経営支援部長　野口　泰彦

産業活力再生特別措置法に基づき各都道府県の商工会議所又は中小企業支援センター等に設置された中小企業再生支援協議会（以下「協議会」という。）は，各地で中小企業からの相談を受け付け，助言や再生計画の策定支援を行うなど，中小企業の再生支援を行っているところです。協議会が支援を行い策定される再生計画については，それらの再生計画のうちモデルケースを用いて，それを前提として債権放棄等が行われた場合の債権者側の法人税基本通達９－４－２に定める税務上の取扱い及び債務者側の同通達12－３－１⑶に定める税務上の取扱いについて，平成15年７月28日付けで照会を行い，同月31日付で中小企業庁の考え方で差し支えない旨の文書回答をいただいております。

この度，平成17年度の税制改正において，一定の要件を満たす私的整理に係る再生計画により債務免除を受ける場合には，債務者の有する一定の資産についての評価損及び評価益の計上とともに，青色欠損金等以外の欠損金を優先して控除する税制措置が新たに講じられています。

中小企業庁においては，協議会が新たに講じられた税制措置の下においても円滑に中小企業の再生支援を行い得るように，別添（PDF ファイル /132KB）「中小企業再生支援協議会の支援による再生計画の策定手順（再生計画検討委員会が再生計画案の調査・報告を行う場合）」（以下「本策定手順」という。）を作成し，平成17年６月21日に公表したところであります。

つきましては，本策定手順に従って策定される再生計画により債務者が２以上の金融機関等又は１以上の政府関係金融機関等から債務免除を受ける場合においては，次の点につきそれぞれ次のとおり解して差し支えないか，ご照会申し上げます。

1　本策定手順に従って再生計画が策定され，対象債権者全員の同意によって再生計画が成立した場合においては，当該再生計画は，法人税法施行令第24条の２第１項第２号《再生計画認可の決定に準ずる事実等》のイからハまで及びニ又はホに掲げる要件を満たすことから，当該再生計画の成立は，同号に規定する「再生計画認可等に準ずる事実」に該当する（次葉参照）。

また，当該再生計画における資産評定は，本策定手順に従って行われることから，債務者の有する資産の価額につき，同条第３項第２号に規定する資産評定が行われていることとなり，当該資産評定による価額を基礎とした貸借対照表に計上されている資産の価額と帳簿価額との差額（評価益又は評価損）は，法人税法第25条第３項《資産の評価益の益金不算入等》及び第33条第３項《資産の評価損の損金不算入等》の規定を適用することができる。

2　上記１により法人税法第25条第３項又は第33条第３項の規定の適用を受ける場合には，同法第59条第２項《会社更生等による債務免除等があった場合の欠損金の損金算入》の規定により損金の額に算入する金額は，同項第３号に掲げる場合に該当するものとして計算することができる。

なお，本策定手順に従って策定される再生計画は，その債務処理について利害関係を有しない者（債務処理に関する専門的な知識経験を有すると認められる３人以上の者）が関与した上で，利害の対立する複数の対象債権者全員の同意により成立するものであり，支援額の合理性，支援者の範囲の相当性及び支援割合の合理性等のいずれも有すると考えられます。

したがって，このことを前提とすれば，本策定手順に従って策定された再生計画により債権者が債権放棄等を行う場合には，原則として，法人税基本通達９－４－２にいう「合理的な再建計画に基づく債権放棄等」であり，その債権放棄等による損失は，税務上損金算入されると考えられますが，念のため併せてご照会申し上げます。

（次葉）

1　民事再生法の規定による再生計画認可の決定等に準ずる事実に該当すること

本策定手順に従って策定される再生計画は，次の過程を経て成立します。

まず，対象債務者及び協議会が，対象債務者が協議会の支援のもと再生計画を策定することについて，主要債権者に協力を要請し，その意向を確認します。その後，主要債権者と協議会の支援業務責任者が，作成された再生計画案に対する対象債権者の同意見込み及び再生計画案の実行可能性について検討し，相当であると判断した場合には，私的整理の手続が開始されます。

対象債務者である企業の適格性や再生計画案の内容等については，債権者会議及び協議会の再生計画検討委員会（以下「検討委員会」という。）で検討されることになりますが，第２回債権者会議に先立ち，検討委員会の委員は，再生計画全般の相当性と実行可能性を対象債権者に書面にて報告します。また，再生計画は，対象債権者全員の同意により成立します。

このように本策定手順に基づく再生計画の成立は，債務者等による手続開始の申立て，債権者集会，再生計画の合意など民事再生法の規定による再生計画策定の一連の手続に準じて成立するものであることから，民事再生法の規定による再生計画認可の決定等に準ずる事実に該当するものと考えられます。

２　再生計画が所定の要件（法令24の２①二括弧書）に該当すること

⑴「債務処理を行うための手続についての準則」の要件（次の①から③までの要件のすべてを満たすもの）

①　法人税法施行令第24条の２第１項第２号イ柱書の要件

本策定手順は，協議会の支援の下，再生計画の策定が適正かつ円滑に行われるよう，中小企業庁が作成し，平成17年６月21日に公表したものであり，協議会が関与する中小企業の私的整理のうち，債務免除を含む再生計画で，複数の金融機関等が主要債権者（対象債務者に対する債権額が上位のシェアを占める金融機関債権者）又は対象債権者（再生計画が成立した場合に権利を変更されることが予定されている債権者であって，主要債権者を含む。）として関わるものを前提にしています。

また，当該再生計画案は債務者の自助努力が十分に反映されたものであり（本策定手順６.⑴），再生計画案における権利関係の調整は債権者間で平等であることを旨とし（本策定手順６.⑹），債務者及び対象債権者との間に利害関係を有しない協議会の検討委員会の委員が，公正かつ公平な立場で再生計画案の正確性，相当性などについて調査報告を行い（本策定手順７.⑶），対象債権者全員が再生計画案について同意した場合に成立する（本策定手順８.⑷）こととされています。

したがって，本策定手順に従って策定された再生計画は，一般に公表された債務処理を行うための手続で，公正かつ適正なものと認められるものに従って策定されていることとの要件を満たすと考えられます。

また，本策定手順は，複数の金融機関等が関わることを前提とするものであり，特定の者が専ら利用するためのものではないとの要件を満たすと考えられます。

② 法人税法施行令第24条の２第１項第２号イ⑴の要件

本策定手順６.⑴に債務者の有する資産及び負債の価額の評定（以下「資産評定」という。）は，公正な価額により行うと定めています。

また，この「公正な価額」については，２以上の金融機関等又は１以上の政府関係金融機関等からの債務免除を伴う再生計画を策定する場合において，①本策定手順７.⑶①に別紙として「実態貸借対照表作成に当たっての評価基準」を定めているとともに，②この基準により作成される実態貸借対照表を含むその再生計画は複数の金融機関等が関わることを前提として対象債権者全員の同意により成立すること（本策定手順８.⑷）及び③公正な価額による資産評定であることについて第三者である検討委員会の委員が確認を行うこと（本策定手順７.⑷）を定めていることからすれば，「公正な価額」となるべきことを担保するための定めもあると解されることから，資産評定に関する事項が準則たる本策定手順に定められており，かつ，公正な価額による旨の定めがあること，という要件を満たすと考えられます。

③ 法人税法施行令第24条の２第１項第２号イ⑵の要件

本策定手順７.⑷に，検討委員会の委員は，本策定手順に定められた手続に従って策定された再生計画であること並びに下記⑵及び⑶に記載する事項を確認することを定めており，当該計画が当該準則に従って策定されたものであること並びに下記⑵及び⑶に掲げる要件に該当することにつき確認をする手続に関する事項が定められていることとの要件を満たすものと考えられます。

また，本策定手順７.⑵及び⑶に，公認会計士及び弁護士を含む３人以上の検討委員会の委員は，債務者及び対象債権者との間に利害関係を有しない者であって，対象債権者の承諾を得た上で協議会の会長により委嘱され，各人が独立して公正かつ公平な立場で調査・報告を行うこと及び当該委員による調査・報告及び確認に関する決議は，委員の全会一致により決することが定められています。

この検討委員会の委員は，当該再生計画に係る債務処理について利害関係を有しないものであり，かつ，債務処理に関する専門的な知識経験を有する者と認められることから，当該確認をする者に関する事項が定められていることとの要件を満たすと考えられます。

⑵ 法人税法施行令第24条の２第１項第２号ロの要件

本策定手順７.⑷②及び③に，検討委員会の委員は，「実態貸借対照表作成に当たっての評価基準」に基づいて資産評定が行われていること，その資産評定に基づいて実態貸借対照表が作成されていること（ただし，資産評定は公正な価額により行う。）の確認をすることが定められています。したがって，その確認を受けた再生計画は，準則に定められた資産評定の規定に従って資産評定が行われ，それを基礎とした当該債務者の貸借対照表が作成されていることとの要件を満たすと考えられます。

⑶　法人税法施行令第24条の２第１項第２号ハの要件

本策定手順７.⑷④に，検討委員会の委員は，資産評定に基づいた実態貸借対照表や再生計画における損益の見込み等に基づいて債務免除額が決定されていることの確認をすることが定められています。したがって，その確認を受けた再生計画は，上記⑵の貸借対照表における資産及び負債の価額，当該計画における損益の見込み等に基づいて債務者に対して債務の免除をする金額が定められていることとの要件を満たすと考えられます。

（参考）　法人税法施行令第24条の２第１項第２号ニ又はホの要件

本照会は，２以上の金融機関等又は１以上の政府関係金融機関等が債務免除を行う再生計画を前提としていますので，法人税法施行令第24条の２第１項第２号ニ又はホの要件を満たすと考えられます。

回答

回答年月日　平成17年６月30日

回答者　国税庁課税部長

回答内容

標題のことについては，ご照会に係る事実関係を前提とする限り，貴見のとおりで差し支えありません。

（以下，略）

（資料４）

国税庁文書回答事例―特定認証紛争解決手続に従って策定された事業再生計画により債権放棄等が行われた場合の税務上の取扱いについて（照会）

別紙

平成21・06・26経局第１号
平成21年６月30日

国税庁　課税部　審理室長
大久保　修身　殿

経済産業省　経済産業政策局
産業再生課長　飯田　祐二

１　前回照会について

平成19年に産業活力再生特別措置法等の一部を改正する法律において規定した特定認証紛争解決手続に関しては，当該特定認証紛争解決手続に従って策定された事業再生計画により２以上の金融機関等又は１以上の政府関係金融機関等から債権放棄等が行われた場合における次の⑴から⑶までに掲げる事項について平成20年３月25日で国税庁に照会を行い，同月28日付でそれぞれ次に掲げるとおり解して差し支えない旨の文書回答をいただいております。

⑴　特定認証紛争解決手続に従って事業再生計画が策定され，紛争の当事者となる債権者全員の同意によって事業再生計画が成立した場合において，法人税法施行令第24条の２第１項《再生計画認可の決定に準ずる事実等》各号に掲げる要件を満たすときには，当該事業再生計画の成立は，同項に規定する「再生計画認可の決定に準ずる事実」に該当する。

したがって，当該事業再生計画において債務者の有する資産の価額につき，同条第３項第２号に規定する資産評定が行われていることとなり，当該資産評定による価額を基礎とした貸借対照表に計上されている資産の価額と帳簿価額との差額（評価益及び評価損）は，法人税法第25条第３項《資産の評価益の益金不算入等》の規定による益金算入及び第33条第３項（現行第４項）《資産の評価損の損金不算入等》の規定による損金算入の規定を適用することができる。

注）平成21年度の税制改正により，上記規定の適用対象となる資産の範囲が整備されており，この改正の結果，改正前の法人税法第33条第３項は同条第４項と

なっています。

⑵　上記⑴により法人税法第25条第３項又は第33条第３項（現行第４項）の規定の適用を受ける場合には，当該適用を受ける事業年度において，青色欠損金等以外の欠損金（以下「期限切れ欠損金」という。注１）を青色欠損金等（注２）に優先して控除することができる法人税法第59条第２項第３号《会社更生等による債務免除等があった場合の欠損金の損金算入》に掲げる場合に該当するものとして，同項の規定により期限切れ欠損金を青色欠損金等に優先して計算した金額を，損金算入することができる。

注１）青色欠損金等以外の欠損金とは，法人税法第59条第２項の規定の適用対象となる欠損金額をいいます。

注２）青色欠損金等とは，法人税法第57条第１項《青色申告書を提出した事業年度の欠損金の繰越し》の規定及び法人税法第58条第１項《青色申告書を提出しなかった事業年度の災害による損失金の繰越し》の規定の適用対象となる欠損金額をいいます。

⑶　特定認証紛争解決手続に従って策定された事業再生計画により債権者が債権放棄等（債権放棄，無償又は低利による貸付け等をいう。以下同じ。）を行う場合には，原則として，法人税基本通達９－４－２（子会社等を再建する場合の無利息貸付け等）の取扱いにより，その債権放棄等による損失を損金算入することができる。

２　今回の照会事項

⑴　照会の経緯

当該特定認証紛争解決手続においては，「事業再生に係る認証紛争解決事業者の認定等に関する省令」（平成19年経済産業省令第53号。以下「省令」といいます。）に基づき，その事業再生計画は「債務者の有する資産及び負債につき，経済産業大臣が定める基準による資産評定が公正な価額によって行われ，当該資産評定による価額を基礎とした当該債務者の貸借対照表が作成される」こととなります（省令14①一）。

この経済産業大臣が定める資産評定に関する基準として「産業活力再生特別措置法第四十八条第一項の規定に基づく認証紛争解決事業者の認定等に関する省令第十四条第一項第一号の資産評定に関する基準」（平成19年経済産業省告示第209号。以下「旧評定基準」といいます。）を定めていました。

前回の照会は，特定認証紛争解決事業者が関与して策定される事業再生計画が，この旧評定基準により債務者の有する資産及び負債について資産評定（以下「資産評定」といいます。）を行うことを含む当該特定認証紛争解決事業者の準則に従って策定されることを前提に照会し，上記1の回答を受けたところです。

このたび，法的手続や他の私的整理手続における資産評定基準との整合性の観点からの見直しを行った結果として，旧評定基準を廃止し，新たに，「事業再生に係る認証紛争解決事業者の認定等に関する省令第十四条第一項第一号の資産評定に関する基準」（平成20年経済産業省告示第257号。以下「新評定基準」といいます。）を定めたところです。

注）我が国における産業活動の革新等を図るための産業活力再生特別措置法等の一部を改正する法律（平成21年法律第29号）の施行（平成21年6月22日）に伴い，「産業活力再生特別措置法」の法律名が「産業活力の再生及び産業活動の革新に関する特別措置法」に改正され，それに伴い「産業活力再生特別措置法第四十八条第一項の規定に基づく認証紛争解決事業者の認定等に関する省令」が「事業再生に係る認証紛争解決事業者の認定等に関する省令」に，「産業活力再生特別措置法第四十八条第一項の規定に基づく認証紛争解決事業者の認定等に関する省令第十四条第一項第一号の資産評定に関する基準」が「事業再生に係る認証紛争解決事業者の認定等に関する省令第十四条第一項第一号の資産評定に関する基準」に，それぞれその名称が改正されていますので，上記においては改正後の名称で記載しています。

⑵　照会事項

上記のとおり「経済産業大臣が定める基準」（省令14①一）が新評定基準となることから，新評定基準の制定以降に特定認証紛争解決事業者が関与して策定される事業再生計画は，新評定基準に基づいた資産評定を行うこととなりますが，当該事業再生計画により2以上の金融機関等又は1以上の政府関係金融機関等から債権放棄等が行われた場合には，引き続き上記1の⑴から⑶までのとおりと解して差し支えないかご照会申し上げます。

3　新評定基準について

⑴　制定に当たっての基本的な考え方

新評定基準については，2⑴のとおり，法的手続や他の私的整理手続における資産評定基準との整合性の観点からの見直しを行った結果として定められたものです。

この見直しは，経済産業省において開催した研究会等を通じて得た有識者意見を反映させたものであり，資産評定が公正な価額によって行われるための基準（省令14①一）である点において，旧評定基準となんら変わるところはありません。

⑵　新評定基準の概要

新評定基準においては，この新評定基準全般に係る事項として「目的」，「評定の原則」及び「用語の定義」を新設するとともに，個別項目についても旧評定基準がやや不明確であった部分を明らかにするほか評定に当たっての留意事項を定めるなどしており，新評定基準は旧評定基準をさらに発展させた「資産評定が公正な価額によって行われるための基準」（省令14①一）とすることを目的として定めたものです。

新評定基準の概要は以下のとおりです。

イ　全般に係る事項

①「一　目的」

債務者の資産評定は，事業再生における最初の基本的な作業であるが，これが当該特定認証紛争解決手続において，公正かつ適正な債務処理を行うための手続の一環として，公正な価額による債務者の有する資産及び負債の価額の評定を行うために用いられる旨記載している。

②「二　評定の原則」

資産評定基準にすべての項目を網羅することは実質的に不可能なため，新評定基準に規定のない資産項目について，指針とすべき原則を明らかにしている。

また，評定基準日の設定や，事情変更，時点修正に関する考え方について明記している。

③「三　用語の定義」

新評定基準にて用いる用語のうち，基本的な用語についての定義を集約して記載している。

ロ　個別項目に係る事項（旧評定基準との相違点）

①「四　売上債権」

旧評定基準においては，各債権金額から取立不能見込額又は貸倒見積額を控除した額を時価とする記載であったものを，新評定基準においては，金融商品会計基準に準じて，原則として各債権金額から貸倒見積額を控除した金額をもって本評定における時価としている。ただし，本評定は決算のためではなく，債務者の資産等からの回収可能な価額を算出することにあるから評定基準日時点における売上債権のうち，評定をする時点までに既に回収している売上債権については回収実績によることができる旨追加的に規定している。

②「五　棚卸資産」

旧評定基準においては，品質低下，陳腐化資産について，予定処分価額にて調整した時価とする記載であったものを，新評定基準においては，一定の回転期間を超える場合，規則的に帳簿価額を切り下げる方法を追加するなど，棚卸資産の評価に関する会計基準の考え方も採用できるよう明らかにしている。

③ 「十　事業用不動産」

旧評定基準においては，不動産鑑定士による不動産鑑定評価等を時価とする記載であったものを，新評定基準においては，不動産鑑定士による不動産鑑定評価等を基本としつつ，これら鑑定評価額にも，価格の種類として正常価格や特定価格といった価格概念の違いがあることや，前提条件として鑑定評価の条件が付されることがあるが，これらが債務者の作成する事業再生計画と整合している必要があるため，この点につき記載を追加している。

④ 「十四　無形固定資産」

旧評定基準においては，有償取得のれんに関する記載はなかったものを，新評定基準においては，有償取得のれんが無形固定資産に含まれることを明らかにした上で，評定基準日において個別に明確に算定可能なものに限定しており，再生計画の成立を前提とした事業全体の価値に基づくのれんは評定の対象外となる。

「二十六　のれん」でも，再生計画の成立を前提とした事業全体の価値に基づいたのれんは計上されず，一方，個別に明確に算定可能なものは計上できる旨明記している。

⑥ 「十九　繰延税金資産及び負債」

旧評定基準においては，繰延税金資産及び繰延税金負債における具体的な評定の基準に関する記載はなかったものを，新評定基準においては，繰延税金資産及び繰延税金負債について原則として繰延税金資産及び負債に関する一般に公正妥当と認められる企業会計の基準に準拠して評定し，また，その評定の際には，繰延税金資産の回収可能性を特に慎重に判断することなどを明らかにしている。

回答

回答年月日　平成21年７月９日

回答者　国税庁課税部審理室長

回答内容

標題のことについては，ご照会に係る事実関係を前提とする限り，貴見のとおりで差し支えありません。

（以下，略）

（資料５）

国税庁文書回答事例―株式会社地域経済活性化支援機構が買取決定等を行った債権の債務者に係る事業再生計画に基づき債権放棄等が行われた場合の税務上の取扱いについて（照会）

（別紙１）

平成25年６月14日

国税庁　課税部　審理室長
住倉　毅宏　殿

株式会社地域経済活性化支援機構
代表取締役社長　瀬谷　俊雄

株式会社企業再生支援機構（以下「旧機構」といいます。）は，地域経済の再建を図る観点から，地域経済において重要な役割を果たしていながら過大な債務を負っている個々の中小企業等の事業者に対する事業再生を支援することを目的としていました。

現在も経営不振の個々の中小企業等を支援する必要性が高いことに変わりはありませんが，厳しい経済環境の中で，地域経済の活性化を図り，持続可能な経済成長を実現していくためには，個々の事業者の事業再生支援にとどまらず，地域の再生現場の強化や地域経済の活性化に資する支援を推進していくことが，喫緊の政策課題となっております。

このため，事業再生の支援のための機能に加え，地域経済の活性化に資するための機能を備えた組織とする必要があることなどから，旧機構を地域経済の活性化を図ることを目的とする株式会社地域経済活性化支援機構（以下「新機構」といいます。）に改組する「株式会社企業再生支援機構法の一部を改正する法律」（平成25年法律第２号。以下「改正法」といいます。）が平成25年１月31日に国会に提出され，平成25年２月26日に国会で成立いたしました（この改正法による改正前の株式会社企業再生支援機構法を以下「旧機構法」，改正後の株式会社地域経済活性化支援機構法を以下「新機構法」といいます。）。

1　前回照会について

旧機構が関与して策定された事業再生計画に基づき債権放棄等が行われた場合の債務者又は債権者における税務上の取扱い及び代表者等の個人から私財提供等が行

われた場合の当該個人の所得税の取扱いについて，平成21年11月４日付で国税庁に照会（以下「平成21年照会」といいます。）を行い，同月６日付でそれぞれ次に掲げるとおり解して差し支えない旨の文書回答をいただいております。

⑴　支援対象者の税務上の取扱い

イ　資産の評価益又は評価損の益金算入又は損金算入（法人税法25，33）

旧機構の関与の下，「企業再生支援機構の実務運用標準」（以下「旧実務運用標準」といいます。）に従って事業再生計画が策定され，これが成立した場合においては，法人税法施行令第24条の２第１項各号《再生計画認可の決定に準ずる事実等》に掲げる要件を満たすことから，当該事業再生計画の成立は，同項に規定する「再生計画認可の決定に準ずる事実」に該当する。

したがって，当該事業再生計画において債務者の有する資産につき，同条第３項第２号に規定する資産評定が行われていることとなり，当該資産評定による価額を基礎とした貸借対照表に計上されている資産の価額と帳簿価額との差額（評価益又は評価損）は，法人税法第25条第３項《資産の評価益の益金不算入等》又は第33条第４項《資産の評価損の損金不算入等》の規定を適用することができる。

ロ　その他これに準ずる一定の事実がある場合の欠損金の損金算入（法人税法59）

上記イにより，法人税法第25条第３項又は第33条第４項の規定の適用を受ける場合には，同法第59条第２項《会社更生等による債務免除等があった場合の欠損金の損金算入》の規定の適用に当たっては，同項第３号に掲げる場合に該当し，いわゆる期限切れ欠損金（注１）を青色欠損金等（注２）に優先して同項の損金算入額を計算することができる。

（注）

１　期限切れ欠損金とは，法人税法第59条第２項の規定の適用対象となる欠損金額をいう。

２　青色欠損金等とは，法人税法第57条第１項《青色申告書を提出した事業年度の欠損金の繰越し》の規定及び第58条第１項《青色申告書を提出しなかった事業年度の災害による損失金の繰越し》の規定の適用対象となる欠損金額をいう。

⑵　債権者の税務上の取扱い

旧機構の関与の下，旧実務運用標準に従って支援対象者及び支援者となる者の合意により策定された事業再生計画については，法人税基本通達９－４－２（子会社等を再建する場合の無利息貸付け等）にいう合理的な再建計画に該当する。

⑶　支援対象者の代表者等に係る税務上の取扱い

上記⑴及び⑵において，旧機構が関与して策定された合理的な事業再生計画に基づき債権放棄等が行われる際の支援対象者の代表者等に係る税務上の取扱いは，次のとおりとなる。

［保証債務の特例］

合理的な事業再生計画が策定される際には，当該事業再生計画において支援対象者の代表者等の個人に私財提供を求めることがある。

この場合，旧機構が関与して策定された合理的な事業再生計画に基づき，再生支援が行われることを前提とすれば，支援対象者の代表者等が保証債務の履行により取得した求償権を書面によって放棄した場合であっても，当該支援対象者が求償権の放棄を受けた後においてもなお債務超過の状況にあるときは，原則として求償権の行使は不能であり，代表者等の課税関係においては所得税法第64条第２項《資産の譲渡代金が回収不能となった場合等の所得計算の特例》の規定による保証債務の特例の適用がある。

［担保権の消滅等］

合理的な事業再生計画に基づき，旧機構法上の金融機関等及び債権を買い取った旧機構が主たる債務者である当該支援対象者から残債務を回収できる見込みである場合には，原則として，担保権の消滅や個人保証の解除による代表者等に対する利益供与はないことから，所得税法第36条《収入金額》に規定する収入の実現はなく，原則として代表者等に所得税の課税関係は生じない。また，このように代表者等に対する利益供与がないことからすれば，原則として旧機構法上の金融機関等，債権を買い取った旧機構及び当該支援対象者において寄附金課税（法人税法37）の対象となることはない。

２　改正法等の内容

(1)　改正法は，以下を主要な内容としています。

①　株式会社企業再生支援機構を地域経済の活性化を図ることを目的とする組織として改組することから，その商号を「株式会社地域経済活性化支援機構」に変更すること。

②　新機構による再生支援決定の期限を平成30年３月31日まで５年間延長すること。

③　新機構の業務として，金融機関等に対し，地域経済の活性化に資する事業活動等に関する専門家を派遣すること，地域経済活性化に資する資金供給を行うファンドを民間事業者と共同して組成すること等を追加すること。

改正法は，平成25年３月６日に公布，３月18日に施行され，また，政令・主務省令・支援基準についても改正されています。なお，この改正に伴い，旧実務運用標準の改定を行い「地域経済活性化支援機構の実務運用標準」（以下「実務運用標準」といいます。）として公表したところです。

この実務運用標準は，新機構が，資産評価税制（法人税法第25条第３項又は第33条第４項）の適用を受けようとする再生支援対象事業者に係る再生支援に取り組む場合における事業再生の手続や依拠すべき基準等の準則を定めたものです。

この改正法の内容を受けた新機構法のうち，本件照会に関するものは，以下のとおりです。

イ　委員会の決定事項（新機構法16条関係）

旧機構法では，再生支援に係る各種決定について，企業再生支援委員会に決定権限を与えていたところですが，中小企業者にとって使い勝手の向上を図る観点から，対象事業者の規模・属性，支援形態等に応じた扱いとし得るよう，新機構法においては，再生支援に係る各種決定の意思決定機関を地域経済活性化支援委員会（以下「委員会」といいます。）とし，その決定事項を以下の①及び②に限定しております。

①　新機構法第25条第１項第１号《再生支援決定》の規定により認定を受けた事業者（以下「認定事業者」といいます。）を支援対象とする場合

②　業務執行の公正・中立性及び適正性を確保する観点から，取締役会が委員会に権限を委任した場合

これを受け，「資産評価税制（法人税法第25条第３項又は第33条第４項）の適用を受けようとする事業者に係る再生支援決定等」については，取締役会決議により委員会に委任されているところです。

ロ　主務大臣の関与（新機構法25条，28条関係）

旧機構法では，支援決定（25条）及び買取決定（28条）について，その適正性を確保するため主務大臣に対する事前通知，意見を述べる機会の付与の手続を定めていたところですが，支援決定及び買取決定の適正性の確保を図りつつも中小企業者にとって使い勝手の向上を図る観点から，再生支援対象事業者の規模・属性，支援形態等に応じて主務大臣の事前関与の有無及びその程度を柔軟にできるよう，新機構法では，こうした事前通知等の手続を廃止し，主務大臣へ事後報告することとしております。

ハ　買取申込み等の求め方の変更（新機構法26条関係）

再生支援決定を行ったときは，新機構は，新機構法第26条第１項《買取申込み等の求め》に規定する関係金融機関等（以下「関係金融機関等」といいます。）に対し，その関係金融機関等が再生支援対象事業者に対して有する全ての債権に

つき，同項に規定する買取申込み等（以下「買取申込み等」といいます。）をするように求めることとなります。

旧機構法の下では，旧機構は，この求める方法として，債権の買取りの申込み又は事業再生計画に従って債権の管理若しくは処分をすることの同意の両方の選択肢を示して回答をするように求める必要がありました。

新機構法では，再生支援対象事業者の事業再生の方向性を踏まえつつ，個別事案の内容に即したより効率的な再生支援を行うことが可能となる枠組みとするため，この求める方法として，①債権の買取りの申込みをする旨の回答をするように求める方法，②事業再生計画に従って債権の管理若しくは処分をすることの同意をする旨の回答をするように求める方法又は③上記①の申込み若しくは上記②の同意のいずれかをする旨の回答をするように求める方法のいずれかにより行うことができるようになりました。

ニ　支援期間の延長（新機構法33条関係）

旧機構法では，事業再生の支援期間について，短期集中的に支援を行い，窮境にある事業者の早期再生が図られるように「３年以内」とされていたところですが，中小企業の事業再生支援の実務者からの意見を踏まえ，新機構法では，「５年以内で，かつ，できる限り短い期間」に延長されました。

ホ　公表内容（新機構法34条関係）

旧機構法では，国民に対する説明義務を果たす観点から，再生支援対象事業者の名称などを公表する規定が置かれておりましたが，こうした名称の公表規定により，風評被害に繋がるとの懸念から，特に中小企業者が旧機構に対する再生支援の申込みを躊躇するという事態が生じていました。

このため，新機構法では，主務省令で定めるところにより，再生支援決定等の概要を示すために必要なものを公表することとし，認定事業者に係るものを除き，名称の公表は義務付けないこととされました。

(2)　上記(1)の改正に伴い，法人税法施行規則第８条の６第１項第２号《資産の評価益の益金算入に関する書類等》の規定が改正され，法人税法施行令第24条の２第１項第１号ロに規定する確認をする者（以下「確認者」といいます。）に該当するための要件について，新機構が再生支援をする場合は次に掲げる要件を満たす場合に限ることとされました。

イ　委員会が再生支援決定を行うものであること

ロ　関係金融機関等に対する買取申込み等の求めが，①新機構法第26条第１項第１号に掲げる申込みをする旨の回答をするように求める方法又は②当該申込み若しくは

くは同項第2号に掲げる同意のいずれかをする旨の回答をするように求める方法のいずれかにより行われるものであること

3　今回の照会事項

上記2に記載のとおり，旧機構法等の一部が改正されていますが，新機構が別に定めて公表した実務運用標準にしたがい，委員会が再生支援決定を行った事業再生計画により債権放棄等が行われた場合（新機構が関係金融機関等に対し，①新機構法第26条第1項第1号に掲げる申込みをする旨の回答をするように求める方法又は②当該申込み若しくは同項第2号に掲げる同意のいずれかをする旨の回答をするように求める方法のいずれかにより買取申込み等の求めを行う場合に限ります。）においても，引き続き平成21年照会に対する回答のとおりと解して差し支えないか，ご照会申し上げます。

4　理由（照会者の求める見解となる理由）

⑴　委員会の決定

上記2⑴イのとおり，委員会の決定権限が，認定事業者についての再生支援に係る各種決定及び取締役会から委任された再生支援に係る各種決定に限られることとなりましたが，本件照会は，委員会が再生支援決定を行った事業再生計画を前提とするものであることから，この改正の影響を受けるものではありません。

⑵　主務大臣の関与

上記2⑴ロのとおり，再生支援決定や買取決定を行う際の主務大臣の関与方法が事前通知から事後報告に改められたのは，再生支援対象事業者の規模・属性，支援形態等に応じて主務大臣の事前関与の有無及びその程度を柔軟に行うためのものであり，主務大臣による事後チェックは行われることから，この改正によって，委員会により再生支援決定が行われた事業再生計画の適正性が直ちに損なわれるものではありません。

⑶　買取申込み等の求め方の変更（確認者の要件について）

再生計画認可の決定があったことに準ずる事実による資産の評価益又は評価損の計上要件の1つとして，確認者が「一般に公表された債務処理を行うための手続についての準則」に定められている必要があります。この確認者については，法人税法施行規則第8条の6第1項に税務上の要件が掲げられており，上記2⑴イ及びハの改正に伴い，同項第2号が改正され，①委員会により再生支援決定が行われ，②関係金融機関等に対する買取申込み等の求めが新機構法第26条第1項第1号に掲げる申込みをする旨の回答をするように求める方法又は当該申込み若しくは同項第2号に掲げる同意のいずれかをする旨の回答をするように求める方法のいずれかにより行われる再生支援をする場合の新機構がこの確認者に該当することとされています。

この点，実務運用標準14. において，新機構が上記①及び②の要件を満たす再生支援を行う場合に，事業再生計画が実務運用標準に従って策定されたものであること等を確認する手続が定められており，この場合の新機構は法人税法施行規則第８条の６第１項第２号イ及びロに掲げる要件を満たすことから，確認者の要件を満たします。

⑷　支援期間の延長

上記２⑴ニのとおり，再生支援期間が延長されたのは，中小企業の事業再生の実情が考慮されたものであり，委員会により再生支援決定が行われた事業再生計画の適正性が損なわれるものではありません。

⑸　公表内容の変更（再建管理の要件について）

上記２⑴ホのとおり，名称の公表が風評被害に繋がるとの中小企業の懸念を踏まえ，新機構が再生支援決定等を行った場合，認定事業者に係るものを除き，名称の公表は義務付けられず，再生支援決定等の概要を公表することとされましたが，改組後の新機構においても，支援者及び支援対象者間で合意された事業再生計画の進捗状況は，新機構その他の支援者の監視下に置かれることに変わりありません。また，実務運用標準12. において，事業再生計画の具体的な実施状況については，支援対象者に対し必要なモニタリングを行うこととしているため，改組後においても，新機構による再建管理は適切に行われるものと考えられます。

したがって，委員会により再生支援決定が行われた事業再生計画の適正性が損なわれるものではありません。

回答

回答年月日　平成25年６月25日

回答者　国税庁課税部審理室長

回答内容

標題のことについては，ご照会に係る事実関係を前提とする限り，貴見のとおりで差し支えありません。

（以下，略）

【著者紹介】

植木康彦（うえき　やすひこ）

1962年新潟県生まれ。

税理士，公認会計士。明治大学商学部卒業。

髙野総合会計事務所パートナーを経て，2010年 Ginza 会計事務所創立。

【主な役職】

事業再生研究機構理事　元税務問題委員会委員長

一般財団法人東京新潟県人会館監事

【主な著書】

『ゼロからわかる事業再生60問60答』（編著者代表，税務研究会，2021年）

『通常再生の実務 Q&A150問』（共著，きんざい，2021年）

『会社の廃業をめぐる法務と税務』（共著，日本法令，2020年）

『ゼロからわかる事業承継・M&A90問90答』（編著者代表，税務意研究会，2020年）

『法律家のための行政手続ハンドブック』（共著，ぎょうせい，2019年）

『中小企業の事業承継と事業再生』（共著，商事法務，2018年）

『私的整理の実務 Q&A 140問』（共著，きんざい，2016年）

『会社解散・清算手続と法人税申告義務（第２版）』（商事法務，2015年）

『事業再生における税務・会計 Q&A（増補改訂版）』（商事法務，2011年）

『平成22年度税制改正対応　清算法人税の実務』（共著，商事法務，2010年）

法人税の最新実務 Q&A シリーズ

貸倒損失・貸倒引当金（第２版）

2011年５月１日　第１版第１刷発行
2011年７月15日　第１版第２刷発行
2017年10月10日　改訂改題第１版第１刷発行
2019年８月１日　改訂改題第１版第２刷発行
2022年５月20日　改訂改題第２版第１刷発行

著　者　植　木　康　彦
発行者　山　本　　継
発行所　㈱　中　央　経　済　社
発売元　㈱中央経済グループパブリッシング

〒101-0051　東京都千代田区神田神保町1-31-2
電話　03(3293)3371(編集代表)
03(3293)3381(営業代表)
https: //www.chuokeizai.co.jp
印刷／東光整版印刷㈱
製本／㈲井上製本所

＊頁の「欠落」や「順序違い」などがありましたらお取り替えいたしますので発売元までご送付ください。(送料小社負担)

ISBN978-4-502-43031-2 C3034